本书受第二批国家级职业教育教师教学创新团队项目、国家级职业教育教师教学创新团队专业领域课题研究项目"高职院校教师教学创新团队教学质量评价体系研究——以电子商务类专业为例"（ZI2021010106），以及温州市科协服务科技创新项目"数字经济赋能温州特色农产品品牌建设路径研究"（jczc124）的资助，为其结项成果。

新媒体思维

理论与实践

夏志婕　魏振锋　著

燕山大学出版社

·秦皇岛·

图书在版编目（CIP）数据

新媒体思维 ：理论与实践 / 夏志婕，魏振锋著.

秦皇岛 ：燕山大学出版社，2024. 7. -- ISBN 978-7
-5761-0694-7

Ⅰ．G206.2

中国国家版本馆 CIP 数据核字第 2024QH0544 号

新媒体思维
——理论与实践
XINMEITI SIWEI
夏志婕 魏振锋 著

出 版 人：陈 玉

责任编辑：王 宁 　　　　　　　　　策划编辑：王 宁

责任印制：吴 波 　　　　　　　　　封面设计：刘韦希

出版发行：燕山大学出版社 　　　　　电　　话：0335-8387555

地　　址：河北省秦皇岛市河北大街西段 438 号　　邮政编码：066004

印　　刷：涿州市般润文化传播有限公司　　经　　销：全国新华书店

开　　本：710 mm×1000 mm　　1/16　　印　　张：8.75

版　　次：2024 年 7 月第 1 版 　　　　印　　次：2024 年 7 月第 1 次印刷

书　　号：ISBN 978-7-5761-0694-7　　字　　数：150 千字

定　　价：46.00 元

前言

　　本书的核心内容是探讨新媒体思维在现代社会中的重要性和应用。新媒体思维包括用户思维、内容思维、数据思维等，本书分析了这些思维方式如何影响信息的传播，公众的参与，以及政治、经济和文化领域的变革。本书强调了个性化和情感化的内容在新媒体环境下的重要性，并提出了通过增强用户互动和参与感来提升传播效率的策略；还强调了新媒体时代下，以用户为中心的思维模式对于内容创作、产品设计和营销策略的重要性；同时，讨论了社会化媒体的运营策略，包括平台选择与内容定位，内容规划、发布与推广以及数据分析等方面；本书还讨论了利用大数据和智能技术来优化内容分发和提高用户体验的方法；此外，本书通过多个章节系统地分析了新媒体思维在社会化媒体运营中的应用策略，包括社会化媒体平台的选择与优化、社会化媒体营销的策略与执行以及社会化思维的实际应用案例。

　　本书共 9 章，各章具体内容如下：

　　第 1 章介绍了新媒体的起源与发展，探讨了数字化革命如何催生了与传统媒体不同的新型媒体形态，并分析了新媒体思维的重要性。这一章为读者提供了新媒体技术发展的历史背景，并阐述了其在现代社会中的重要作用。

　　第 2 章深入分析了用户思维的概念和特点，以及在新媒体环境中的体现；指出用户思维具有个性化推荐、用户参与和互动、即时反馈和迭代等特点；此外，还分享了借助社交平台促进内容的分享和传播的案例。

第 3 章着重探讨数据驱动决策的重要性，以及数据分析方法与工具的应用，如文本分析法、用户行为分析法和社交网络分析法等，这些方法帮助企业通过分析用户行为数据来优化策略和提高效率。

第 4 章关注"内容为王"的理念，分析了如何通过创意内容的产生和多样化的内容展现形式来吸引用户的注意力，以及如何提高用户的参与度和传播效果；同时，还讨论了内容营销的高效性及其对社会文化现象的影响以及内容创作与策划的策略。

第 5 章着眼于技术思维的概念及特点，分析了人工智能、大数据、5G 等前沿技术在新媒体领域的应用情况，并对未来技术的发展趋势进行了展望；特别提到了虚拟现实和增强现实技术在新媒体领域的潜在应用。

第 6 章讲述了创新思维的概念和重要性，以及创新思维的技巧与方法。

第 7 章探讨了迭代思维的概念与原则，分析了不断试错、反馈和优化在产品开发中的重要性。

第 8 章通过乌江榨菜与哔哩哔哩的合作案例，展示了跨界营销策略的实际应用和效果。这种策略不仅能够吸引媒体关注，还能够抢占年轻人市场，使品牌年轻化。

第 9 章论述了社会化思维的概念及其与新媒体结合所带来的社会文化影响，强调了企业与用户之间互动交流的价值；通过实际案例，如德芙品牌的"尽愉悦之力"活动，分析了社会化媒体营销策略。

目录

第 1 章 绪论 ··· 1

1.1 新媒体的起源与发展 ·· 2

1.2 新媒体思维的重要性 ·· 8

第 2 章 用户思维 ··· 13

2.1 用户思维的概念 ·· 13

2.2 用户思维的特点 ·· 14

2.3 用户中心设计 ··· 16

2.4 用户体验 ··· 18

2.5 用户生成内容 ··· 19

第 3 章 数据思维 ··· 26

3.1 数据思维的概念 ·· 26

3.2 数据的重要性与价值 ·· 27

3.3 数据驱动决策 ··· 28

3.4 数据分析方法与工具 ·· 29

3.5 用户画像 ··· 32

3.6 个性化内容的实现 ·· 35

3.7 数据隐私与伦理考量 ·· 37

3.8 数据驱动的未来趋势 ·· 40

第4章 内容思维 ···································· 46

4.1 内容思维的概念及内容的重要性 ··········· 46

4.2 "内容为王"的关键点 ······················ 47

4.3 内容创作与策划 ····························· 50

4.4 传播渠道与策略 ····························· 54

4.5 传播创新与技术应用 ························· 56

4.6 内容营销与品牌建设 ························· 59

4.7 内容思维应用实践案例 ······················ 61

第5章 技术思维 ···································· 64

5.1 技术思维的概念与特点 ······················ 64

5.2 新媒体技术的发展趋势 ······················ 65

5.3 新兴技术的研究与评估 ······················ 71

5.4 技术思维应用实践案例 ······················ 75

第6章 创新思维 ···································· 77

6.1 创新思维的概念 ····························· 77

6.2 创新思维的重要性 ··························· 78

6.3 创新思维的技巧与方法 ······················ 84

第7章 迭代思维 ···································· 87

7.1 迭代思维的概念与原则 ······················ 87

7.2 敏捷开发 ··································· 90

7.3 迭代思维的挑战与未来 ······················ 93

7.4 迭代思维应用实践案例 ······················ 96

第8章 跨界思维 ··································· 100

8.1 跨界思维的概念 ···························· 100

8.2 跨界思维与创新的关系 ····················· 101

8.3 跨界合作的策略与实践 ·································· 102

8.4 跨界思维应用实践案例 ·································· 105

第9章 社会化思维 ··· 111

9.1 社会化思维的概念 ······································ 111

9.2 社会化思维与新媒体的关系 ························· 112

9.3 社会化媒体的运营策略 ································ 114

9.4 社会化思维应用实践案例 ···························· 124

参考文献 ··· 127

第 1 章　绪论

2022 年 7 月，哔哩哔哩（bilibili，又称 B 站）视频平台 UP 主（上传者）"衣戈猜想"发布的《回村三天，二舅治好了我的精神内耗》视频火爆全网。该视频发布后，在短时间内播放量达到数百万，成为 B 站热门视频。该视频在社交平台上被广泛转发，相关话题登上微博热搜，UP 主"衣戈猜想"的"粉丝"数量也显著增加。

该视频讲述了二舅的一生，包括他的残疾、自学成才、为村庄服务等经历，引发了观众的强烈共鸣。观众对二舅的故事给予了高度评价，认为这是视频版的《活着》，是迄今为止看过的最动人的故事。由视频衍生出的有关苦难、自强不息、农村生活等话题引起了观众的热烈讨论。

该视频讲的是老一辈的故事，却在主流用户为"Z 世代"（1995—2009年出生）用户的 B 站视频平台广泛传播开来，这背后隐藏的就是本书即将探讨的新媒体思维。

首先，视频内容的个性化和情感共鸣是新媒体思维的体现。创作者通过讲述一个普通人的真实故事，触动了观众的情感，这种内容的个性化和情感化是新媒体时代吸引用户的关键。在信息泛滥的新媒体环境中，能够引起共鸣的内容更容易脱颖而出，获得用户的关注并广泛传播。

其次，该视频的传播策略也体现了新媒体思维。通过社交平台的分享和推荐机制，视频迅速在用户之间传播，形成了病毒式传播效应。这种传播方式充分利用了新媒体的社交网络特性，使得传播内容能够在短时间内实现广泛的覆盖。

再次，该视频的广泛传播也得益于平台对用户参与的鼓励。新媒体平台的互动性使得观众不仅可以接收信息，还可以参与到内容的讨论和传播中来。观众的评论、转发和互动进一步扩大了该视频的影响力，形成了一种内容与用户之间的良性互动。

最后，该视频的制作和发布也体现了对新媒体技术的创新应用。创作者基于新媒体平台的便捷性和低成本优势，使得内容的创作和分发更加灵活和高效。这种对新媒体技术的创新是新媒体思维在实践中的应用。

综上所述，《回村三天，二舅治好了我的精神内耗》的成功案例展示了新媒体思维在内容创作、传播策略、用户参与和技术创新等方面的应用，这些因素共同作用，使得视频在新媒体时代广泛传播。这一案例强调了在新媒体时代，理解和运用新媒体思维对于内容创作者和传播者而言的重要性。

以互联网、移动通信技术为基础[1]，以数字化、网络化、互动性为特征的新媒体时代，伴随着信息传播方式的根本变革，要求人们转变思维方式，以开放性、创新性、互动性的新媒体思维适应新的传播环境。

1.1 新媒体的起源与发展

1.1.1 数字化革命的兴起

新媒体是随着互联网、移动通信、数字媒体等技术的进步而形成的与传统媒体（如报纸、广播、电视）不同的新型媒体形态。新媒体以其数字化、网络化、互动性、即时性和个性化的特点，改变了信息的传播方式，使得信息的创造、分发和接收更加便捷和高效。新媒体不仅包括各种在线平台，如社交媒体、博客、论坛、在线视频和音频服务，还包括移动应用、电子邮件、即时通信工具等。在新媒体平台，用户不仅是信息的接收者[2]，还是信息的创作者和传播者，从而形成了一个更加开放、多元和动态的信息生态系统。

数字化革命，也被称为第三次工业革命或第三次科技革命。数字化革命的主要特点包括以下几个方面：

（1）信息的数字化和网络化。信息以数字形式存在，通过网络在全球范围内快速传播，极大地提高了信息的获取、处理和交流效率。

（2）计算能力的飞速提升。算力的不断增强，使得复杂的数据处理和分析成为可能，推动了各行各业的创新和发展。

（3）互联网的普及。互联网连接了全球用户，成为信息交流、商业交易、社会互动的重要平台。

（4）移动通信的革命。智能手机和移动网络的普及使得人们可以随时随地接入互联网，享受数字服务。

（5）大数据和人工智能的兴起。大数据的发展使得从海量数据中提取有价值的信息成为可能，人工智能技术的进步则在多个领域实现了自动化和智能化。

（6）平台经济的兴起。以互联网平台为基础的新商业模式，如电子商务、共享经济等，正在重塑传统产业和市场结构。

技术的发展推动了信息传播方式的变革，可以说，新媒体的起源与数字化革命的兴起紧密相连。以下是新媒体起源与数字化革命兴起的几个关键点：

（1）计算机技术的诞生。20 世纪中叶，电子计算机的发明为信息处理和存储提供了新的可能。随着计算机技术的不断进步，信息的数字化成为可能，为新媒体的发展奠定了基础。

（2）互联网的兴起。20 世纪 60 年代末至 20 世纪 70 年代，互联网的前身——阿帕网（ARPAnet）在美国国防部的资助下开始建设，这标志着网络通信技术的起步。随后，互联网逐渐向民用领域扩展，成为连接全球信息的重要平台。

（3）个人计算机的普及。20 世纪 80 年代，个人计算机（PC）的出现和普及使得普通家庭和个人也能够接入互联网，极大地推动了新媒体的传播和用户的参与。

（4）移动通信技术的发展。移动电话和后来的智能手机的出现，使得人们可以在移动状态下接入互联网，进一步扩大了新媒体的传播范围和影响力。

（5）社交媒体的兴起。21 世纪初，社交媒体平台如 Facebook、Twitter、YouTube 等的兴起，改变了人们获取、交流和分享信息的方式，其在日常生活中的重要性日益增强。

技术的不断进步促使传统媒体如报纸、广播和电视进行数字化改造，与新媒体平台实现整合，共同构建了一个全面的媒体传播体系。

（1）云计算和大数据技术。云计算提供了强大的数据处理能力和存储空间，而大数据技术则使得新媒体能够分析用户行为，提供定制化的内容推荐和个性化服务。

（2）人工智能（Artificial Intelligence，AI）和机器学习（Machine Learning，ML）技术。AI 技术在新媒体中的应用，如智能推荐系统、语音识别、图像识别等，提升了用户体验，同时也为内容创作和分发带来了新的可能。ML 作为 AI 的关键分支，运用算法和模型，从海量数据中挖掘模式、规律及关系，实现新数据预测、分类、聚类等；涵盖监督、无监督、半监督学习类型，广泛用于图像识别、语音识别、推荐系统、医疗诊断、金融风险预测等多领域，全面加快行业智能化进程。

（3）虚拟现实（Virtual Reality，VR）和增强现实（Augmented Reality，AR）技术。VR 和 AR 技术为新媒体提供了全新的视觉体验，使得内容更加生动，为教育、娱乐等领域带来了创新。

（4）区块链技术。区块链技术在新媒体中的应用，如数字版权保护、内容验证等，有助于确保内容的真实性和安全性。

（5）5G 技术。5G 技术以其快速的数据传输速率和极低的响应时延特性，为新媒体带来了更高质量的视频流、更快的数据传输速度，推动了新媒体内容的创新和多样化。

以上这些技术的发展和融合，不仅推动了新媒体的起源和发展，也不断塑造着新媒体的未来形态，使其更加智能化、个性化和互动化。随着技术的不断进步，新媒体将继续演变，为人们提供更加丰富和便捷的信息获取方式。

1.1.2 新媒体与传统媒体的分野

传统媒体是指在新媒体出现之前，人们获取信息和娱乐的主要渠道，主要包括报纸、广播和电视等。这些媒体形式依赖于物理媒介进行信息的传播，如纸张、无线电波和电视信号。传统媒体的特点是内容生产和分发相对集中，信息传播通常是单向的，即从媒体机构到受众，用户参与度相对较低。此外，传统媒体的内容更新和发布通常有一定的周期性，如日报、周报，按照预定的时间表进行的广播，定期播放的电视节目等。谈及传统媒体，大家也从之前一家人其乐融融地围坐在一起看电视的场景联想到老人孤独地观影场景，场景的转变似乎也映射了传统媒体的没落。

《京华时报》最初由人民日报社主管主办，于 2001 年 5 月 28 日创刊，曾是北京地区具有较大影响力的都市报之一。在其辉煌时期，该报的发行量一度稳占北京早报市场 70% 以上的市场份额[3]，并在 2010 年进入全球报纸发行量百强行列。

然而，随着互联网和移动通信技术的快速发展，人们获取信息的方式发生了根本性变化，传统纸质媒体的市场份额受到了严重冲击。《京华时报》在经历了多年的经营挑战后，于 2016 年 11 月 13 日通过官方微博发布了停刊公告。

《京华时报》的停刊引发了业界对传统媒体未来发展的广泛讨论。许多分析指出，传统媒体必须进行深刻的供给侧改革，包括向数字化转型、优化内容生产、强化版权保护等，以适应新兴的媒体环境和市场的需求。

新媒体正在逐渐改变人们获取信息和娱乐的方式，对传统媒体产生了深远的影响。新媒体与传统媒体的主要区别在于传播载体和形式，传播的时效性、互动性和参与性、个性化和定制化、内容生产和分发等多个方面，如表 1-1 所示。

表 1-1　新媒体与传统媒体的对比分析

对比内容	新媒体	传统媒体
传播载体和形式	主要基于互联网和移动通信技术，如社交媒体、在线视频、移动应用等。新媒体的特点是多样化、互动性强，用户可以随时随地通过智能设备接收和传播信息	主要包括报纸、杂志、广播、电视等，这些媒体形式通常需要特定的物理设备和在固定的时间、地点接收信息
传播的时效性	信息传播几乎实时进行，用户可以即时获取最新信息，并且信息更新速度快	信息发布通常有固定的周期和时间

对比内容	新媒体	传统媒体
互动性和参与性	具有高度的互动性，用户不仅可以接收信息，还可以参与评论、分享、创作内容等，形成双向或多向的交流	通常是单向传播，受众的参与度相对较低，互动性有限
个性化和定制化	可以根据用户的兴趣和行为提供个性化推荐，用户可以定制自己感兴趣的内容	内容通常是面向广大受众的，个性化服务有限
内容生产和分发	内容生产更加民主化，普通用户也可以成为内容的创作者；分发渠道多样化，包括社交媒体、内容聚合平台等	内容生产通常由专业机构和人员负责，分发渠道相对固定
商业模式	商业模式更加多元化，除了广告和订阅，还包括数据服务、内容付费、社交电商等	主要依靠广告、订阅、销售等传统商业模式
受众群体	受众群体更加广泛，跨越不同年龄、地域和文化背景	受众群体相对固定，年龄层次和地域分布有明显特征

新媒体与传统媒体的分野反映了信息技术的发展和人们生活方式的变化。新媒体的兴起对传统媒体产生了深远的影响，促使传统媒体进行数字化转型，以适应新的传播环境。

1.1.3 融媒体——传统媒体的转型升级

融媒体是传统媒体转型升级的重要方式之一，它充分利用媒介载体，将广播、电视、报纸等传统媒体与互联网、移动通信等新兴媒体进行全面整合。融媒体的本质在于整合资源、融合内容、相互促进宣传以及共享利益，通过人力、内容、宣传等方面的整合，提升媒体的功能、手段和价值。融媒体的核心在于打破传统媒体之间的壁垒，实现信息的多渠道分发和用户的全方位覆盖。这要求传统媒体不仅要在内容上进行创新，还要在平台整合、技术应用、商业模式、用户互动、品牌建设等方面进行改革，以适应数字化、网络化、移动化的传播趋势。

1. 内容创新

传统媒体需要创作更加符合新媒体用户习惯的内容，创新内容发布形式，如短视频、直播、互动式报道等。例如，中央广播电视总台新闻新媒体中心推出的《主播说联播》栏目，以《新闻联播》当天报道的重要事件为基础，专注于对国际事件和热点新闻进行短视频形式的点评；采用轻松的语言和风格，通过新媒体平台如抖音、快手等进行传播，吸引了大量年轻观众。

2. 平台整合

建立统一的内容管理系统，实现内容在不同平台（如网站、移动应用等）同步发布和优化展示。例如，新京报在融媒体改革领域取得了重大突破，其通过整合北京晨报和千龙网的资源，成功地完成了从传统媒体向现代媒体的全面转变。这一变革不仅增强了其在线传播的能力，而且初步达成了在全网和多平台上建立传播渠道的目标，构建了一个涵盖全媒体、立体化、多样化和多平台内容共享与分发的综合传播体系。新京报已经构建了融媒体传播矩阵，如图 1-1 所示，已从传统的报纸转移到以移动应用、商业平台和媒体平台为核心的传播方式上来。其坚持原创内容的主导地位，并实施了优先发展视频内容和移动平台的战略。

图 1-1　新京报的融媒体传播矩阵

3. 技术应用

利用大数据、人工智能、云计算等技术提升内容推荐的个性化水平和精准度，以及提高内容生产的效率。例如，河南广播电视台推出的《中秋奇妙游》晚会结合传统文化和现代技术，创造了独特的视听体验，成功吸引了大量观众。

4. 商业模式

探索新的盈利模式，如内容付费、广告定制、社交电商等[4]，以适应新媒体环境下的市场变化。例如，羊城晚报报业集团与众多文化、音乐和游戏领域的企业建立了合作关系，共同探索一种集文化、科技、金融以及创新创业于一体的综合性产业发展模式。

5. 用户互动

增强与用户的互动,通过社交媒体、评论区等渠道收集用户反馈,提高用户参与度和忠诚度。新京报在融媒体转型过程中,通过创建互动性强的话题来鼓励用户参与讨论、评论以及分享,从而提升新闻内容的用户体验。例如,其推出的新媒体产品《颤抖吧学渣,期末考试来了》通过模拟线上考试的方式,激发用户参与和分享。

6. 品牌建设

在新媒体环境下,传统媒体需要加强品牌建设,通过一致性和差异化策略提升品牌影响力。例如,中国中央广播电视总台通过整合中央电视台、中央人民广播电台和中国国际广播电台的资源,形成了强大的媒体品牌[5]。中国中央广播电视总台利用新媒体技术,提升了内容的传播效果和观众体验感。

1.2 新媒体思维的重要性

新媒体思维是一种适应数字化、网络化传播环境的思考方式,它强调以用户为中心,注重内容的创新性和互动性,以及对技术的运用。这种思维方式倡导开放和协作,鼓励利用新媒体平台进行信息的快速传播和广泛分享。新媒体思维还涉及数据驱动决策,即通过分析用户行为和反馈来优化内容和服务。它认识到社交媒体在塑造公众舆论和品牌影响力方面的重要性,并强调了在内容创作、营销策略、用户参与和商业模式创新等方面的灵活性和适应性。简而言之,新媒体思维是对传统媒体思维的扩展和更新,它反映了在快速变化的数字化时代中,媒体和信息传播的新趋势和新要求。

1.2.1 人人皆媒

丁真的走红始于摄影师胡波在四川甘孜州理塘县拍摄的一段短视频。视频中,丁真以其纯真的笑容和藏族形象迅速吸引了大量网友的关注。视频在抖音等社交媒体平台上迅速传播,获得了极高的点赞和转发量。随后,微博等平台上的"大V"和网友的转发进一步提升了丁真的影响力。

随着丁真的热度上升，官方媒体如央视新闻等也开始报道丁真，这也为他提供了更多的曝光机会。同时，四川甘孜州理塘县的官方媒体和文旅部门也开始利用丁真的影响力进行地方旅游推广。2020 年，丁真被聘为理塘县的旅游大使；2021 年，丁真受到四川文旅部门的青睐，被正式聘请为四川文旅的宣传推广大使。丁真的故事甚至引起了国际媒体的关注，如日本电视台，这使得他的影响力扩展到了国际层面。

作为普通人一夜爆火引发了公众对于网络红人、文化差异、地方发展等话题的广泛讨论，这些讨论在社交媒体上持续发酵，形成了一种文化现象，这种现象也说明了"人人皆媒"。在新媒体时代，信息传播变得更加去中心化，普通个体也能够通过各种平台发布信息，提升了公共话语权。社交媒体的流行改变了信息传递的方式，信息可以通过社交网络迅速传播，形成病毒式传播效应。这种传播方式使个体的影响力得到提升。

在新媒体时代，新媒体平台鼓励用户创作和分享内容，这种用户生成内容的模式使得信息来源更加多样化，同时也增强了信息的真实性和互动性。新媒体技术使得信息传播更加个性化和定制化，用户能够依据个人兴趣和需求选择他们想要关注的信息，而内容创作者也可以针对特定受众群体进行内容创作。

在"人人皆媒"的时代，信息量巨大，用户面临着信息过载的问题，并且随着个体影响力的提升，也带来了相应的责任问题。个体在发布信息时需要考虑其可能产生的影响，包括真实性、合法性和道德责任。

"人人皆媒"的现象反映了新媒体时代信息传播的民主化趋势，同时，信息质量、传播伦理和隐私保护等方面也面临挑战。

1.2.2　万物皆数媒

"万物皆数媒"是一个描述数字化时代特征的概念，它意味着在现代社会中，几乎所有的物体和信息都可以被数字化，并通过数字媒介进行传播和交互。

"万物皆数媒"现象深刻地改变了社会行为方式，也颠覆性地改变了媒体生态。传统媒体如报纸、电视等正在被智能手机、可穿戴设备等新终端所补充甚至替代。这些新终端不仅可以承载信息，还能够感知环境、收集数据，并以此参与信息的传递和互动。

2013 年，可口可乐公司推出了一项名为"分享一瓶可乐"（Share a Coke）的活动，旨在通过个性化和社交互动的方式吸引年轻消费者，提高品牌知名度。活动的内容是将可口可乐瓶身上的传统标志替换为个人名字或昵称，消费者可以在特定的名字列表中寻找自己或朋友的名字，购买并分享这些个性化的可乐瓶。品牌鼓励消费者在社交媒体上分享他们找到的个性化的可乐瓶的照片，使用特定的活动标签（如 #Share a Coke）来增加互动和传播。除了名字瓶，可口可乐还推出了其他类型的个性化瓶身，如歌词瓶、台词瓶、表情瓶等，以适应不同市场和文化。这些活动不仅提高了可口可乐的品牌知名度，还显著提升了销售额。例如，在美国，这个活动使可口可乐的销售额增加了 2% 以上，扭转了可口可乐销售量 10 多年来呈下降趋势的局面。

在可口可乐案例中，企业将产品本身设计成传播媒介，通过产品包装、标签或内置功能，传递品牌信息或与消费者互动。"万物皆数媒"为企业提供了一个全新的视角，即任何产品或服务都可以成为与消费者沟通和互动的渠道，这不仅能够改善用户体验，还能为品牌创造新的增长点。

综上所述，"万物皆数媒"不仅是一个描述当前传媒状态的概念，也预示着未来社会的发展趋势。在这个过程中，每个物体都有可能成为信息的载体，每个平台都有可能成为传播的渠道，每个人都有可能成为信息的生产者和消费者。这一现象标志着我们进入了一个全新的数字化时代，其影响将渗透到社会的方方面面。

1.2.3 社会数字化转型

新媒体思维在社会管理方面的作用显著，首先，它通过融合现代技术手段和创新管理理念，改善了信息流通的方式，增强了公众参与并提高了治理效率。新媒体思维推动了"互联网＋社会治理"的模式，这一模式利用大数据和新媒体工具，更好地理解公众需求、预测和解决社会问题。例如，一些地方政府通过社交媒体平台和移动应用程序收集民众反馈，及时调整社区服务和政策实施。这种互动性的提高有助于构建更加和谐的社会关系，并促进社会共识的形成。

其次，党政机关已经开始利用新媒体在线履行职能和开展社会治理工作，包括通过网络问政平台回应公众关切、利用新媒体进行政策宣传和服务指导等。这些做法不仅提高了政府工作的透明度，也加强了其与民众的沟通和联系。

此外，新媒体还为社会治理带来了新的路径。它能够助力网络问政的实施，帮助应对社会风险，并优化服务方式。例如"最多跑一次"改革。

浙江省实施的"最多跑一次"改革是提升政府工作效率、改善企业经营环境、构建民众认可的法治化服务体系的关键举措。该项改革以服务民众为核心，致力于精简办事程序、降低办事门槛、合并相关手续、缩短处理时间、降低相关费用，确保在资料完备且符合规定的前提下，公众和企业在办理政府事务时，从申请到完成只需一次或无须亲自到场。

"最多跑一次"改革自 2016 年 12 月提出以来，已经在浙江省范围内广泛实施，取得了显著成效，提高了政府服务效率，增强了群众和企业的获得感，为其他地区提供了可借鉴的经验。

"最多跑一次"改革融合了用户中心、信息整合、平台思维、技术驱动、开放互动、效率优先、持续优化等新媒体思维。

最后，融媒体的发展为社会治理提供了新的视角和方法。融媒体可以深入参与社会治理，同时运用社会治理思维也可以推动媒体融合的深入发展。例如，通过融媒体渠道传播正面信息、引导公众舆论、在紧急情况下快速响应和动员资源。

综上，新媒体思维通过搭建互动交流平台、集中解决管理中的难题、提高服务质量等手段，助力社会治理体系的现代化构建，提升了治理的前瞻性、精确度以及公众的参与热情，进而驱动了社会的整体变革。

（1）民主参与的增强。新媒体思维强调用户参与和内容共创，为民众参与公共事务开辟了新的途径。通过网络投票、在线讨论等方式，民众可以更直接地发表意见，参与决策制定，促进了社会治理的民主化。

（2）文化多样性的增强。新媒体平台的开放性为不同文化、价值观和生活方式的传播提供了空间，这不仅增强了文化的多样性和包容性，同时也为社会的创新活动和文化进步带来了新的生机。

（3）社会问题的快速响应。新媒体的即时性和广泛性使得社会问题能够迅速被关注和传播，有助于形成社会舆论压力，推动政府和社会各界对问题作出快速响应并解决。

（4）教育和学习的变革。新媒体思维推动了教育方式的变革。网络课程、在线学习平台等新型教育模式的出现，使得学习资源更加丰富、学习方式更加便捷，有助于提高教育质量和普及率。

（5）社会治理的现代化。新媒体思维有助于构建更加透明和高效的社会治理体系。通过新媒体平台，政府可以更好地了解民意、发布信息、提供服务，实现与民众的双向互动，提升治理效能。

第 2 章　用户思维

2.1　用户思维的概念

在新媒体环境下,用户思维是指媒体机构和内容创作者将用户的需求、偏好和行为放在核心位置,以此来指导内容生产、产品设计和传播策略的一种思维方式。这种思维方式强调以用户为中心,而非传统的以内容或媒介为中心。

用户思维的核心在于深入了解和分析用户的特点和需求,从而提供个性化的内容和服务,增强用户的参与度和满意度。这要求媒体从业者不仅要关注内容的质量和传播效果,还要关注用户的使用体验、互动反馈和社群建设。

在用户思维的指导下,媒体和内容创作者会采用数据驱动的方法来优化内容和用户体验,例如通过用户数据分析、行为追踪和反馈收集来不断调整与改进产品和服务。此外,用户思维还涉及跨界合作和商业模式创新,鼓励媒体机构与其他行业合作,开发新的产品和服务,以满足用户的多元化需求。

用户思维的实施对于传统媒体的转型而言尤为重要,它要求媒体机构从内部管理到外部传播都进行相应的改革和创新,以适应数字化、网络化、智能化的发展趋势。通过树立用户思维,媒体机构能够更好地适应新媒体环境,提升自身的竞争力和影响力。

总之,用户思维是一种以用户为中心、强调个性化服务和数据驱动决策的思维方式,对于新媒体时代下媒体机构的内容生产、产品开发和用户关系管理具有重要的指导意义。

2.2 用户思维的特点

2.2.1 个性化推荐

用户思维在个性化推荐方面表现出一系列特点，这些特点共同塑造了用户在新媒体环境下的互动和信息消费行为。个性化推荐系统通过分析用户的行为数据和偏好，为用户提供定制化的内容，从而增强了用户的主导性和信息过滤效率。抖音、小红书、YouTube 等众多平台都可通过分析用户的观看历史和搜索习惯来为用户推荐个性化的内容。用户与推荐系统的互动是双向的：用户的行为不断训练系统，使其推荐结果更加精准；而系统则通过动态更新推荐内容来适应用户兴趣的变化和新信息的产生，确保所推荐内容的时效性和相关性。

然而，个性化推荐也带来了潜在的"过滤气泡"问题，用户可能只被推荐与自己现有观点相一致的信息，从而限制了视野和认知的多样性。此外，过度的个性化推荐可能导致用户接触到的内容过于浅显和娱乐化，缺乏深度，影响用户的理性思考和知识获取。个性化推荐系统可能还会削弱用户的主动性，使他们习惯于被动接受推荐内容，减弱了主动搜索和探索新信息的动机。

个性化推荐系统的发展和应用还引发了用户对隐私保护和数据安全的关注。用户需要意识到自己的数据如何被收集和使用，并要求相应的透明度和控制权。随着技术的进步，个性化推荐系统将继续发展，提供更加精准和多样化的推荐服务，同时也需要不断解决伴随而来的挑战和问题，以确保用户的体验和权益得到充分保护。

2.2.2 用户参与和互动

在新媒体环境下，用户参与和互动是影响用户体验和内容传播的关键因素。用户不再被动地接收信息，而是通过各种形式积极参与到内容的创作、分享和讨论中。这种参与度的提升，使得用户在新媒体平台上的角色变得更加多元和活跃。

　　用户参与和互动的增强，首先体现在内容创作上。用户通过社交媒体、博客、视频平台等渠道分享自己的观点、经验和创意，成为内容的生产者。这种用户生成内容模式，不仅丰富了新媒体的内容生态，也提高了用户的参与度和满足感。

　　其次，用户互动在新媒体平台上也变得日益频繁。评论、点赞、转发、提及等功能使得用户能够轻松地与他人进行交流和互动。这种社交互动不仅增强了用户之间的联系，也促进了信息的二次传播和口碑效应的形成。

　　再次，新媒体平台的互动设计也越来越注重用户体验。通过个性化推荐、实时反馈、游戏化元素等，平台能够提供更加直观、有趣和参与性强的互动体验。用户在享受个性化服务的同时，也能够感受到平台的关怀和回应。

　　最后，用户参与和互动的加强，还带来了数据的积累和分析。新媒体平台通过收集用户的行为数据，能够更准确地了解用户的需求和偏好，从而优化内容推荐和服务设计。这种数据驱动的决策模式，不仅提高了运营效率，也为用户提供了更加贴合其需求的体验。

　　然而，用户参与和互动也带来了一些问题，如信息过载、隐私泄露、网络暴力等。新媒体平台需要在鼓励用户参与和互动的同时，加强对不良信息的监管和对用户隐私的保护。

　　总之，用户参与和互动在用户思维中占据了重要地位，它们不仅改变了信息的生产和传播方式，也对新媒体平台的设计和服务提出了更高的要求。随着技术的发展和用户需求的变化，用户参与和互动将继续在新媒体领域发挥重要作用，推动新媒体平台的持续创新和发展[6]。

2.2.3　即时反馈和迭代

　　即时反馈机制使得用户能够快速表达自己的观点、需求和建议，新媒体平台则可以利用这些数据来调整和改进其算法与服务。例如，通过收集用户的点赞、评论和分享数据，平台能够实时监测内容的受欢迎程度和用户的兴趣变化，从而及时调整推荐系统，为用户提供更加个性化和符合其需求的内容。

　　迭代是即时反馈的自然延伸，它意味着新媒体平台会根据用户的反馈和行为数据进行持续的更新和升级。这种快速迭代的过程使得平台能够紧跟用户需求的变化，不断引入新功能、优化用户体验和提升服务质量。迭代也促进了平台与用户之间的持续对话，使用户感受到自己的反馈被重视，增强了用户的归属感和忠诚度。例如，软件开发公司通过用户测试和反馈，不断更新应用、修复漏洞、增加新功能，以满足用户的需求。

2.2.4 用户体验优先

用户体验优先是指在设计产品和服务时，优先考虑用户的操作便捷性和视觉美感。例如，苹果公司的产品以简洁、纯净的外观和直观的用户界面著称，苹果公司始终将用户体验放在首位。

2.2.5 数据驱动决策

数据驱动决策的核心在于收集和分析用户在新媒体平台上的各种互动数据，包括浏览历史、点击率、停留时间、搜索查询、社交互动等。通过这些数据，新媒体运营者可以揭示用户的行为模式和内容偏好，预测未来趋势，并据此制定或调整策略。例如，亚马逊通过分析用户购买数据和搜索行为来优化库存管理和营销活动，提供更加精准的商品推荐。

数据驱动决策还使得新媒体营销更加个性化和有效。通过细分用户群体并理解每个群体的特定需求，营销人员可以设计更加具有针对性的广告和促销活动，提高转化率和投资回报率。

然而，数据驱动决策也面临一些挑战，如数据的准确性、分析的复杂性和决策的时效性。新媒体运营者需要具备数据分析的能力，并能够及时将分析结果转化为实际决策。

2.2.6 透明化和开放性

企业需要与用户保持透明化和开放性的沟通，分享产品背后的思考和决策过程。例如，特斯拉的 CEO 马斯克经常通过社交媒体与用户直接沟通，分享公司的最新动态和决策过程。马斯克开通了新浪微博账号，通过这种开放的沟通方式增强了用户对品牌的信任度和忠诚度。

2.3 用户中心设计

用户中心设计（User-Centered Design，UCD）起源于人机交互领域，是随着认知心理学和人类工程学的发展而逐渐形成的设计理念。它的核心思想是在产品开发的每一个环节，始终将用户的需求、感受和体验放在首位。

在 20 世纪 80 年代，随着电脑的普及，人们开始关注如何让技术适应用户的需求，而不是让用户去适应技术，这种以用户为中心的设计方法开始被提出，并逐渐在设计实践中得到应用。到了 90 年代，随着互联网和数字技术的发展，UCD 理念进一步得到了推广和实施，设计师开始更多地关注用户的使用场景、任务分析、用户特征等方面，以确保设计出的产品能够满足用户的实际需求。

由图 2-1 UCD 模型可知，UCD 的核心理念可简要概括为：用户知道什么最好，使用产品或服务的人知道自己的需求、目标和偏好，设计师需要发现这些并进行相应设计。设计师就是帮助用户实现目标的，在设计过程中的每一个阶段寻求用户的参与。在 UCD 过程中，确立清晰的目标至关重要。设计师需明确规划实现目标所需完成的任务和执行方法，同时不断地将用户的需求与偏好置于设计思考的前沿。

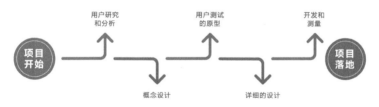

图 2-1　UCD 模型

知乎通过算法分析用户的浏览历史、点赞、关注话题和回答等，为用户推荐相关的问题和内容。这种个性化推荐系统体现了以用户为中心的理念，确保用户能够看到他们感兴趣的内容，从而提高用户体验。

知乎鼓励用户之间互动，用户可以对问题进行回答、评论、点赞和分享。这种互动性设计不仅提高了用户的参与度，也促进了知识的交流和传播。同时，知乎设有严格的内容审核机制，确保平台上内容的质量。用户可以举报不适当或低质量的内容，知乎团队会对这些内容进行审核。这种对用户反馈的重视，体现了以用户为中心的设计思路。

用户可以通过反馈渠道提出对平台的建议和意见，知乎会根据用户的反馈进行产品优化。平台还推出了"知乎Live"和"知乎盐选"等知识付费产品，允许用户付费以获取更专业、更深入的内容。这种模式满足了用户对高质量内容的需求。知乎为用户设立了成长体系，用户可以通过回答问题、发布文章等方式积累经验值、提升等级。这种体系激励用户积极参与平台活动，同时也体现了对用户贡献的认可。

通过这些功能和设计，知乎构建了一个以用户为中心的问答社区，不仅满足了用户获取信息的需求，也提供了一个知识分享和交流的平台。这些做法都体现了知乎对UCD的深入实践。

2.4 用户体验

用户体验（User Experience，UE/UX）是指用户在使用产品以及与产品发生交互时产生的主观感受和需求满足。

用户体验的核心是用户，它关注的是用户在使用产品过程中的感受和体验，包括易用性、价值体现、实用性和高效性等方面。用户体验的设计和研究旨在提升用户对产品的满意度，确保产品能够解决用户的实际问题，并提供愉悦的使用过程。

用户体验的研究方法包括用户访谈、调查、焦点小组、卡片分类、可用性测试等，如图2-2所示。这些方法有助于识别用户对产品的不满，并基于此提出改善用户体验的策略。通过这些研究方法，可以收集关于用户行

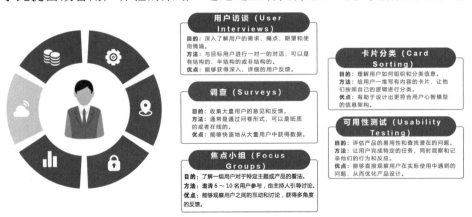

图 2-2 用户体验的研究方法

为、动机和需求的深入见解，从而指导产品设计的迭代和改进。

新媒体平台通过提供高质量的用户体验，可以更好地传播信息、教育公众、促进社会交流，从而产生积极的社会影响。例如，紫金山视频提倡做"37℃的新闻"，即提供温度适宜、用户舒适的新闻内容。这种理念强调内容的情感共鸣和用户的情感体验，通过讲述普通人的暖心故事，建立与用户的情感连接，激发用户阅读和分享的欲望。

针对移动互联网时代的用户阅读习惯，紫金山视频明确新闻报道的时长，要求编辑用 1 分钟左右的时间讲述故事，最长不超过 2 分钟[7]，这种对时长的控制，满足了用户在碎片化的时间里快速获取信息的需求，提升了用户体验[8]。

紫金山视频在拍摄和制作过程中力求保持场景的原始风貌，避免过度设计和刻意摆拍，使用现场同期声和多角度捕捉现场画面，以真实的叙述手法呈现内容。这种方法能够让用户感受到现场的真实氛围和人物的真实情感，从而提升用户的观看体验和沉浸感。

同时，紫金山视频倡导用户参与内容创作，建立了以用户生成内容为核心的生产体系。通过组织视频拍摄爱好者团队和建立视频拍摄交流社群，紫金山视频让用户与专业记者和编辑一同参与到主题讨论、文案撰写和视频剪辑的过程中，共同打造和分享内容。这种深度参与不仅让用户感到自己是内容创作的一分子，也加深了他们对平台的忠诚度和归属感。

此外，紫金山视频在选择新闻和话题时注重多样性和深度，鼓励不同观点的交流和碰撞。通过设置互动话题，吸引用户参与讨论，满足他们的社交需求。同时，紫金山视频巧妙地引导话题发展，促进主流价值观的认同和传播，营造了积极向上的氛围。

2.5　用户生成内容

用户生成内容（User-Generated Content，UGC）是指由用户自发创作、上传和分享内容。这些内容包括文字、图片、视频、音频等多种形式，并且可以通过社交媒体、博客、论坛等在线平台进行传播和分享。

UGC 的核心在于用户的参与和创作。与传统的由企业或媒体创作内容不同，它更加强调用户的主动参与和分享。通过 UGC，用户可以表达自己的观点、分享个人经验、展示才华以及与他人互动交流。

2.5.1 用户生成内容的价值

在新媒体时代，UGC 已经成为连接用户、品牌和内容的重要桥梁。它不仅为用户提供了一个表达和分享的平台，也为品牌提供了与用户建立深层次联系的机会。通过有效地利用 UGC，新媒体平台可以实现用户增长、品牌建设和市场竞争力的提升。

UGC 是用户参与的直接体现，它让用户成为内容的创作者，而不仅仅是消费者。这种参与感可以显著提高用户的活跃度和对平台的忠诚度。

UGC 通常被认为更加真实和可信，因为它们来自普通用户的真实体验和观点。这种真实性对于建立品牌信任和吸引新用户来说具有重要作用。

利用 UGC 可以减少企业在内容创作上的投入，尤其是在内容需求量大的情况下。用户自发产生的内容可以作为丰富的素材库，供企业在营销和品牌传播时使用。

通过分析 UGC，企业可以获得关于用户偏好、行为模式和市场趋势的宝贵信息。这些信息有助于企业更好地理解目标受众，并据此调整产品和营销策略。

UGC 使得用户能够与品牌共同成长。用户通过分享内容，参与到品牌故事的构建中，这种参与感和归属感有助于形成强大的品牌社区。UGC 的多样性使得新媒体平台能够提供更加个性化的内容推荐，满足不同用户的需求。这种个性化体验可以提高用户的满意度和留存率。

UGC 的传播往往具有自发性和病毒性，尤其是在社交媒体上。一个有趣的用户故事或视频可能会迅速传播，帮助品牌提高影响力。例如，2021年 7 月，鸿星尔克向河南捐赠 5000 万元物资，并没有高调宣传，而网友们发现其在财务状况不佳的情况下仍然慷慨捐赠，引起了广泛同情和支持，成为 UGC 传播的核心。这种情感驱动的内容，如微博评论、社交媒体帖子和讨论，迅速在网络上传播开来，形成了一种强大的情感共鸣。

2.5.2　从被动接收到主动参与

用户参与性从被动接收到主动参与，是指用户在信息消费、内容创作和社交互动中的角色发生了根本性变化。在传统媒体环境中，用户通常处于被动接收信息的状态，他们接收由媒体机构、内容创作者或广告商提供的信息和内容；而在新媒体环境中，用户的角色变得更加主动，并且参与性强。

1. 内容创作

用户不再仅仅是内容的消费者，还是内容的创作者，他们可以通过各种社交媒体平台、博客、视频分享网站等创作并发布内容，如文章、图片、视频等。例如抖音、快手和小红书，都是以用户为主要的内容创作者。

2. 信息筛选

用户可以根据自己的兴趣和偏好，选择关注特定的信息源、话题或社群，从而主动筛选和定制自己的信息流。这种个性化的信息获取方式，使得用户能够更有效地找到自己感兴趣的内容。例如，用户可以通过简易信息聚合（Really Simple Syndication，RSS）阅读器订阅自己喜欢的新闻网站、博客或播客。这样，用户可以在一个集中的区域接收来自各个信息源的更新信息，而无须逐一访问各个网站。用户可以根据自己的兴趣定制订阅列表，有效地筛选信息。

3. 互动交流

用户可以通过评论、点赞、转发、参与讨论等方式，与内容创作者或其他用户进行互动。这种双向交流不仅增强了用户的参与感，也使得内容创作者能够获得即时反馈，进而优化内容。

4. 影响力扩展

用户通过分享和推荐，可以将自己的观点和喜好传播给更广泛的受众。在某些情况下，用户甚至能够引领潮流、影响公众舆论和市场趋势。

5. 参与式决策

在某些情况下，用户可以参与到产品开发、市场调研、品牌建设等过程中，并且通过提供反馈、参与投票、众筹等方式，影响最终的决策结果。

乐高创意是一个允许用户提交自己的乐高产品设计创意的平台。用户提交自己的设计概念，其他用户可以投票支持他们喜欢的设计。一旦设计获得足够的支持，乐高会考虑将其投入生产。这个过程不仅让用户参与到产品的设计中，还帮助乐高发现了潜在的热门产品。

2.5.3 社交媒体与用户参与

社交媒体与用户参与之间的关系是相互促进的。社交媒体平台提供了一个环境，让用户能够表达自己、分享内容、与他人互动，并参与到更广泛的社会和文化活动中。

在内容分享与传播方面，用户可以在社交媒体上分享个人生活、兴趣爱好、观点和新闻等内容。这种分享行为不仅增加了内容的可见度，也促进了信息的传播。用户通过点赞、评论和转发等互动方式，参与到内容的生命周期中，影响内容的流行度[9]。

社交媒体允许用户建立和维护社交联系，形成庞大的社交网络。用户通过这些网络参与到朋友、家人、同事和兴趣小组的互动中，增强了社交参与感。

在社群参与方面，许多社交媒体平台支持社群或小组的创建，用户可以加入这些社群，参与到有共同兴趣或共同目标的讨论和活动中。这些社群为用户提供了一个参与特定话题和活动的场所。

许多品牌和企业利用社交媒体与消费者建立直接联系，通过互动营销活动、客户服务和产品反馈等，鼓励用户参与。用户参与不仅提高了品牌忠诚度，也为品牌提供了宝贵的用户洞察资源。

社交媒体上的"关键意见领袖"和"网红"通过分享和推广内容，能够影响"粉丝"的行为和看法。普通用户也可以通过参与讨论和活动，提高自己的影响力。

目前，社交媒体成为社会运动和倡导活动的重要工具。用户可以通过发起或参与在线活动、签名请愿等方式，参与到社会变革中。这些活动往往能够迅速吸引关注，并推动公共议程。

社交媒体平台借助算法驱动的推荐系统，能够向用户呈现量身定制的内容。用户依据个人兴趣和行为模式来调整和优化自己的社交媒体体验，从而实现个性化的内容浏览。这种定制化的内容体验有效提升了用户的参与感和满意度。例如，钉钉作为一款主要面向企业用户的办公协作软件，在用户参与方面采取了一系列创新的营销策略，成功地吸引了大量用户的关注和参与。

在 2020 年年初，钉钉因为疫情原因被广泛用于在线教育，许多学生在应用商店给其打低分。钉钉通过发布一系列"鬼畜"视频，如《钉钉本钉，在线求饶》，以自嘲的方式回应用户的吐槽，成功扭转了品牌形象，吸引了大量用户的关注。这些视频在 B 站的播放量超过 2700 万，引发了大量二次创作和讨论。钉钉在上海地铁站投放了一系列以自家表情包为主题的广告，通过搞怪风格和 B 站式弹幕上墙的方式，吸引了路人的注意，增加了品牌的线下曝光度。钉钉还在微博、抖音等社交平台上发起了多种互动活动，如表情包创作大赛，鼓励用户参与并分享自己的创意，提高了用户的参与度和品牌的社交影响力。

钉钉通过创造虚拟形象"钉三多"并将其人格化，与用户进行互动，提高了品牌的亲和力；推出了其他虚拟形象，如"钉哥"和"钉妹"，进一步丰富了品牌形象，并在社交媒体上与用户进行互动；还与三星堆博物馆合作，推出了一系列含有三星堆文物元素的动画短片和限量手办，成功吸引了年轻用户群体的注意；针对不同的节日和特殊日子，如毕业季、开学季、教师节等，发布主题歌曲和相关活动，增强了与用户的情感联系。

2.5.4　用户反馈与产品迭代

用户反馈与产品迭代之间存在密切的联系。新媒体环境下，用户反馈成为产品改进和优化的重要驱动力。

用户反馈提供了直接的用户洞察，帮助产品团队理解用户的需求、痛点和期望。这些信息对于产品的持续改进至关重要，尤其是在新媒体环境中，用户的行为和偏好可能迅速变化。在需要快速响应市场变化和用户需求的环境下，用户反馈往往伴随着大量的数据，产品团队利用这些数据进行分析，快速识别产品中的问题和不足，从而作出更加科学和精准的产品迭代决策，提供更加个性化和满足用户需求的内容，增强用户满意度和忠诚度[10]。用户反馈还可以激发新的创意和想法，帮助产品团队发现潜在的创新点。这些创新可以作为产品迭代的一部分，使产品在竞争激烈的市场中脱颖而出。例如元气森林。元气森林是一家互联网＋饮料公司，它在推出新产品之前，会邀请一部分忠实"粉丝"进行试饮，这些"粉丝"被称为"死忠粉"，他们对品牌非常忠诚，并且愿意提供真实的反馈。通过这种方式，元气森林能够获得直接、准确的用户反馈，这些反馈对于产品的进一步迭代至关重要。在一系列测试合格后，元气森林会全面推出新产品。这种方法不仅确保了产品的口味能够被大众接受，而且企业对大力度的营销更有信心。通过这种基于用户反馈的产品迭代过程，元气森林能够持续改进其产品，以满足消费者的期望和需求。

2.5.5 用户生成内容案例

作为以用户生成内容为特色的社交电商门户，小红书高度依赖用户的参与度，这一点在其新媒体运营策略中尤为关键。

小红书鼓励用户分享购物心得、美妆技巧、生活方式等内容，这种用户导向的内容创作策略使得平台充满了丰富多样的个人体验和见解，吸引了大量用户参与和互动。用户不仅是内容的消费者，也是内容的创作者，从而形成了一个活跃的社区。

小红书推出的全球大赏活动正是一个突出的实例。该活动借助用户投票机制来确定最受青睐的商品和商家。这样的互动形式不仅有效增强了用户的参与感，还提高了平台的活跃度和用户的忠诚度，并且吸引了更多新用户的加入。

小红书还邀请明星和"关键意见领袖"入驻平台，分享他们的日常生活和进行产品推荐。这些明星和"关键意见领袖"的个人影响力吸引了大量"粉丝"关注，提高了平台的知名度和用户参与度。

小红书通过设立用户成长等级体系，激发用户分享日常生活的兴趣，并在平台进行社交互动。这一体系不仅鼓励用户化身为内容创作者，还促进了高质量内容的生成，从而营造了一个积极的循环生态。

　　同时，小红书具备电商直播功能，用户可以直接与品牌互动，观看产品展示和试用，这种实时互动的方式极大地提高了用户的参与度和购买转化率。通过赞助《偶像练习生》和《创造 101》等热门综艺节目，利用节目的高关注度和"粉丝"基础，吸引用户参与到平台互动中来。

第 3 章　数据思维

3.1 数据思维的概念

数据思维是指利用数据分析和解读来驱动决策、优化策略和提高效率的思维方式。数据思维的核心不仅仅在于数据的收集与保管，更关键的是挖掘和分析海量数据中蕴含的有价值的信息，并将这些信息转换为实用的见解和行动方案。

数据思维强调基于实际数据而非直觉或假设来作出决策。新媒体运营者通过分析用户行为数据、内容表现、流量来源等，以此来优化内容策略、投放广告、促进用户增长等。

通过追踪和分析用户在新媒体平台上的行为，如点击率、停留时间、转化率等，运营者可以更好地理解用户需求和偏好，从而提供更加个性化和有针对性的内容和服务。

数据思维使得新媒体运营者能够根据内容的表现数据（如阅读量、分享量、互动率等）来调整和优化内容创作，以提高用户参与度和内容传播效率[11]。

数据思维强调对营销活动和运营策略的效果进行量化评估，并根据评估结果进行快速迭代，这有助于运营者不断改进策略，提高运营效率和投资回报率。

利用历史数据和趋势分析，新媒体运营者可以预测未来的用户行为和市场变化，从而提前作好准备和调整策略。

数据思维还包括对潜在风险的识别和评估，通过数据分析来预防和减少可能的负面影响。

在多平台运营的新媒体环境中，数据思维有助于整合不同平台的数据，构建全面的用户画像，实现跨平台的协同效应。

3.2　数据的重要性与价值

数据的重要性与价值体现在多个方面，它不仅是衡量效果的工具，更是驱动创新、优化策略和增强用户体验的关键资源。

数据能够帮助运营者深入了解用户的行为、偏好和需求。通过分析用户与内容的互动，如点击、浏览、分享和评论，可以揭示用户的兴趣点和行为模式，为内容创作和产品开发提供指导。

通过数据驱动的分析，运营者可以根据数据提供的客观决策基础，精确地制定营销策略、优化广告投放、调整产品功能，从而提高效率和投资回报率。数据运营者能够量化活动和策略的效果。通过对比不同内容的表现、用户参与度和转化率等关键指标，评估哪些做法有效、哪些需要改进。新媒体运营者通过分析历史数据，预测未来的市场趋势和用户行为，从而提前作好准备，抢抓机遇，规避风险。

例如，Twitter 通过实时分析用户发布的推文和话题标签，能够快速识别和展示热门趋势。这种分析帮助广告商和品牌了解当前的热门话题，从而及时调整营销策略，参与到相关的讨论中，提高品牌的可见度和参与度。

利用用户数据，新媒体平台可以为用户提供更加个性化的内容和服务。这种定制化体验能够提高用户的满意度和忠诚度，增强用户黏性。

Netflix 通过分析用户的观看历史和评分，为用户推荐电影和电视剧。Netflix 的个性化推荐系统能够分析用户的偏好，并随着用户行为的变化而不断调整推荐内容，以提供更加个性化的观看体验。

数据揭示了用户需求的变化和市场的新机会，为新媒体运营者提供了创新的灵感。无论是新内容的创作、新功能的推出，还是新业务模式的探索，数据都是不可或缺的资源。在信息爆炸的新媒体环境中，数据使运营者能够快速响应市场变化，持续优化策略，保持领先地位。

同时，数据还能够帮助新媒体运营者识别潜在的风险和问题，及时采取措施进行调整，从而减少损失和负面影响。恒丰银行基于大数据技术构建的信用风险预警系统[12]，通过整合行内外数据形成统一的行业、地域、客户风险视图，有利于增强风险预测能力，提高信贷资产质量。

3.3 数据驱动决策

数据驱动决策的原理强调了数据在整个决策过程中的中心地位。在新媒体思维中，数据驱动决策使得运营者能够更加客观、科学地理解用户、市场和业务表现，从而作出更加合理和有效的决策。

数据驱动决策的第一步是收集相关数据。在新媒体环境中，相关数据包括用户行为数据、社交媒体互动、网站流量、内容表现等。通过各种分析工具和平台内置的度量指标，运营者可以获取大量的数据。

收集到的数据必须经过分析过程以挖掘有用的信息。数据分析可以采取多种形式：描述性分析用于概括历史事件，预测性分析用于展望未来趋势，规范性分析则用于指导行动建议。通过运用统计分析、趋势分析、关联规则挖掘等技术，运营者能够从数据中识别出模式和相互关系。

数据分析的结果需要转化为可操作的洞察，这些洞察可以帮助新媒体运营者理解用户行为背后的动机、识别内容的优势和不足、评估营销活动的效果[13]，以及发现新的用户需求和市场机会。谷歌是数据驱动决策的典型代表。通过分析用户搜索数据，谷歌能够预测流感趋势，从而预警公共卫生机构。

基于数据洞察，新媒体运营者可以制定更加精准的决策。这些决策可能涉及内容策略、营销计划、产品开发、用户体验设计等方面。数据驱动决策有助于减少不确定性，提高决策的效率和效果。

决策制定后，需要转化为具体的行动计划并执行。在新媒体领域，这可能意味着调整内容发布时间表、优化广告投放、改进用户界面设计、发起新的营销活动等。微信朋友圈的广告投放就是基于用户的社交网络和行为数据来实现的。

执行行动计划后，需要再次收集数据并评估行动的效果。这一步骤是数据驱动决策循环的关键，因为它允许运营者根据反馈和结果不断调整和优化策略，从而实现持续改进。

3.4　数据分析方法与工具

3.4.1　数据分析方法

1. 文本分析法

通过对文本内容进行分词、词性标注、情感分析等，挖掘出文章的主题、观点、情感倾向等信息。这种方法在新闻、评论等领域有着广泛的应用。

例如，研究者通过爬取豆瓣网上关于电视剧《狂飙》的长评数据，运用文本分析和机器学习技术，对观众的评分、评论内容、评论者特征等进行了深入剖析。研究者通过 Python 工具进行观众评论数据的抓取，利用文本分析工具进行词频统计和情感分析，揭示了观众对该剧的讨论情况和情感倾向，为影视剧创作提供了重要的借鉴。

2. 用户行为分析法

通过收集用户的点击、浏览、点赞、评论等行为数据，分析用户的兴趣爱好、需求偏好等，为用户提供更加精准的内容推荐。

例如，淘宝会追踪用户的浏览路径、搜索关键词、添加到购物车的商品以及最终购买行为，以了解用户的购买决策过程。通过这些数据，淘宝可以优化产品推荐算法，提供个性化的购物体验，提高转化率。

3. 社交网络分析法

通过分析社交媒体上的关注关系、转发关系等，揭示信息的传播路径和影响力，为人们了解舆论导向、把握传播节奏提供依据。

例如，通过对新浪微博上的热门话题和事件进行社交网络分析，揭示信息传播的路径和关键节点。这种分析有助于揭示社交媒体的信息传播机制以及公众关注的热点话题。

4. 数据可视化法

通过将复杂的数据转化为图表、地图等可视化形式，数据的含义和范围变得更加直观和易于理解，这有助于人们迅速捕捉到核心信息。

《2021 数据可视化获奖作品大赏》中，介绍了多个在数据新闻领域中获奖的数据可视化作品。例如，纽约时报的作品探讨了印度新德里地区的空气质量问题[14]，通过可视化展示了不同社会阶层青少年的生活环境和空气质量差异。

5. 机器学习法

通过运用各种机器学习算法，如聚类、分类、回归等，对数据进行深入挖掘，发现潜在的规律和趋势。

在 2018 年哈里王子与梅根·马克尔的婚礼报道中，英国天空新闻（Sky News）采用了 GrayMeta 的机器学习平台，该平台运用面部识别技术自动识别并展示婚礼的嘉宾。这项创新技术的应用让观众能够即时获知每位出席者的姓名和身份，从而显著增强了新闻报道的互动性和信息获取的便捷性。

6. 大数据分析法

通过对海量数据进行存储、处理和分析，挖掘出有价值的信息，为企业决策、市场预测等提供支持。

在 2016 年美国总统大选中，多家媒体利用大数据技术对美国总统大选结果进行了实时分析和预测。例如，美国有线电视新闻网（Cable News Network，CNN）通过收集各州的投票数据，使用数据可视化技术的动态图表和地图，向公众展示了选举结果的变化趋势。这种实时数据分析不仅提高了新闻报道的时效性，也增强了信息的可理解性。

7. AB 实验法

AB 实验法，又称 A/B 测试，是一种通过随机分组测试不同版本或策略效果的统计方法。通过对不同变量进行控制，观察其对结果的影响，从而找到最优的解决方案。这种方法在优化产品、提高转化率等方面具有重要作用。

病毒式媒体网站 Upworthy 在其早期阶段采用 AB 实验法对其内容标题进行了大量实验，他们测试了不同的标题风格和措辞，以确定哪些能够最有效地吸引用户点击和分享。这些测试帮助 Upworthy 优化了内容策略，并最终确定了成功的媒体业务。

3.4.2 数据分析工具

1. Google Analytics

Google Analytics 是一个由 Google 开发的高效的网站分析工具，它使得网站和应用的所有者能够监控并获取其网站或应用的访问流量情况。使用 Google Analytics，用户可以获得关于访问者如何找到和使用其网站或应用的详细信息。Google Analytics 提供了丰富的数据和分析工具，帮助企业、内容创作者和营销人员优化他们的"在线存在"（Online Presense）。

2. Facebook Insights

Facebook Insights 是一个强大的分析工具，它为 Facebook 页面管理员提供了关于页面性能和用户互动的详细数据。这些数据对于理解受众行为、优化内容策略、提高用户的参与度以及增强内容的可见性至关重要。

3. Hootsuite

Hootsuite 是一个被广泛使用的社交媒体管理平台，它允许用户在一个集中的区域创建、调度和发布内容到多个社交媒体网络，还可以提供跨多个社交媒体渠道的数据分析和报告。

4. New 榜

由新榜公司打造的 New 榜（矩阵通）是一款专为满足企业跨平台、多账号运营需求而设计的多平台数字化内容资产管理系统。该系统整合了包括抖音、快手、微信公众号、视频号、微博、小红书以及 B 站等在内的多个主流媒体平台，提供一站式的数字化矩阵管理和内容资产的云端解析及存储服务。

5. 百度指数

百度指数依托于百度庞大的网民行为数据库，是一个提供关键词搜索趋势追踪和用户画像深入分析的数据分析平台。自 2007 年上线以来，该平台已逐渐发展成为互联网数据分析的关键工具，为广大企业和个人用户进行市场调研、趋势预测以及营销策略制定提供了有力支撑。

6. 微指数

微指数，主要指微博指数，是一个依托于微博平台丰富的用户行为和博文数据的数据服务产品。它专注于评估关键词在微博上的流行趋势和传播互动的影响力，为用户提供衡量特定事件或话题在微博上受关注程度的关键数据依据。

7. 新浪微热点

新浪微热点是一款面向公众的社会化大数据工具，其帮助用户发现和分析正在发生或潜在发生的全网热点事件，致力于打造一个集热点发现、热点分析、传播效果评估和热点事件案例库于一体的媒体传播大数据应用平台。

8. NLPIR 在线系统

NLPIR 在线系统，全称为 NLPIR 大数据语义智能分析平台，是一个为完成大规模数据处理任务而构建的全面的自然语言处理平台。该平台整合了精确的网络信息采集、先进的自然语言理解技术、文本挖掘能力以及网络搜索功能，专注于提供中文文本的深度语义分析服务，涵盖实体识别、词频分析、文本归类以及情感倾向判断等多个方面。

9. Tone Analyzer

Tone Analyzer 由 IBM 提供，是一项基于云的服务。它使用语言学分析方法来识别和解释文本中的情感、社交倾向和写作风格，帮助用户理解语言的微妙之处，包括作者可能未明确表达的情感和态度。

3.5 用户画像

3.5.1 用户画像的概念

用户画像是指通过对用户进行综合分析和描述，形成用户的全面形象和特征，从而帮助企业更好地了解用户群体、提供个性化服务和提升市场竞争力。如图 3-1 所示，用户画像包括用户的基本信息、消费行为、偏好特征、社交互动等多方面数据，通过对这些数据进行整合和分析，企业可以精准地把握用户需求，制定相应的营销策略和服务方案。

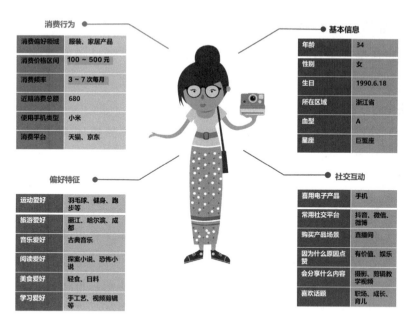

消费行为

消费偏好领域	服装、家居产品
消费价格区间	100 ~ 500 元
消费频率	3 ~ 7 次每月
近期消费总额	680
使用手机类型	小米
消费平台	天猫、京东

基本信息

年龄	34
性别	女
生日	1990.6.18
所在区域	浙江省
血型	A
星座	巨蟹座

偏好特征

运动爱好	羽毛球、健身、跑步等
旅游爱好	丽江、哈尔滨、成都
音乐爱好	古典音乐
阅读爱好	探案小说、恐怖小说
美食爱好	轻食、日料
学习爱好	手工艺、视频剪辑等

社交互动

喜用电子产品	手机
常用社交平台	抖音、微信、微博
购买产品场景	直播间
因为什么原因点赞	有价值、娱乐
会分享什么内容	摄影、剪辑教学视频
喜欢话题	职场、成长、育儿

图 3-1　用户画像案例

　　用户画像与数据之间存在着密切的关系，因为用户画像是通过数据分析和挖掘得出的。用户画像是对特定用户群体的描述，包括其年龄、性别、地理位置、兴趣爱好、消费习惯等方面的信息，而这些信息正是通过收集、分析和解释大量的数据得出的。

　　在数字化时代，大量的数据不断产生并被存储，这些数据包括用户在互联网上的行为轨迹、在社交媒体上的互动、网络消费记录等。通过对这些数据进行分析，可以发现用户的行为模式、偏好和习惯，从而形成用户画像。数据驱动的用户画像更加客观和精准，可以帮助企业更好地理解用户需求并制定精准的营销策略。

　　另外，用户画像也为数据分析提供了方向和目标。在进行数据分析时，可以根据用户画像中的特征和特点来选择合适的分析方法和工具，从而更好地挖掘数据中蕴含的规律和价值。用户画像与数据分析的关系是相辅相成的，数据分析为用户画像提供了基础和支撑，而用户画像又指导着数据分析的方向和应用。因此，两者之间的关系非常紧密，相互促进并共同推动企业发展和创新。

3.5.2 新媒体平台用户画像

新媒体平台进行画像分析有非常重要的作用。通过画像分析，新媒体平台可以更好地了解用户的兴趣、需求、行为习惯和消费习惯，从而实现以下几个方面的作用：

（1）精准推荐与个性化体验。借助画像分析，新媒体平台可以根据用户的画像信息，为用户提供更加精准的内容推荐和个性化的体验。通过了解用户的兴趣爱好和需求，平台可以推荐更符合用户喜好的文章、视频、产品等内容，从而提高用户满意度和黏性。

（2）精准广告投放。画像分析可以帮助新媒体平台更准确地定位用户的特征和行为，从而实现精准的广告投放。平台可以根据用户画像信息，将广告投放给具有潜在购买力或者对产品感兴趣的用户群体，提高广告的触达率和点击率，降低广告成本，提高广告效果。

（3）增强用户留存与忠诚度。通过画像分析，新媒体平台可以更好地了解用户的需求和偏好，从而提供更符合用户期待的服务和内容，提升用户体验，增强用户忠诚度，减少用户流失。

（4）精细化运营决策。通过对用户画像进行分析，新媒体平台可以更好地了解用户群体的行为特征和需求变化，从而指导平台制定运营决策，包括内容策略、推广活动设计、产品改进等方面，提高与改善运营效率和效果。

（5）优化市场营销策略。基于画像分析的结果，新媒体平台可以优化自身的市场营销策略，包括定制化的营销活动、促销策略和用户沟通方式，提高市场竞争力和用户参与度。

综上所述，通过画像分析，新媒体平台可以更好地理解和服务用户，提高用户满意度和平台价值，同时也能够改善与提高广告效果和营销效率，实现更好的商业价值。

例如，拼多多的用户群体具有以下特点：

（1）年轻化——拼多多的用户以年轻人为主，尤其是"80后"和"90后"用户占据了较大比例。这些年轻的用户更加注重性价比，喜欢通过团购和社交分享获得更优惠的价格，同时也乐于在平台上参与互动和社交活动。

（2）女性用户比例较高——在拼多多的用户中，女性用户的比例相对较高，这与拼多多在美妆、服装、鞋包、家居用品等领域的商品比较受女性用户欢迎有关。

（3）价格敏感度高——拼多多的用户对价格敏感度较高，更倾向于寻找性价比较高的商品，愿意花时间和精力寻找优惠的商品和团购活动。

（4）社交互动和分享——拼多多鼓励用户通过分享拼团链接、邀请好友参与团购等方式进行社交互动，用户之间形成了一定的社交网络。用户在平台上的社交和分享行为比较活跃，喜欢和朋友一起参与团购活动。

（5）地理分布广泛——拼多多的用户遍布全国各地，平台会根据用户的地理位置信息为其提供当地的促销活动和商品推荐，满足用户的本地化需求。

综合来看，拼多多的用户群体年轻人、女性比例较高，具有较高的价格敏感度和社交活跃度，同时也呈现出地理分布广泛的特点。针对以上这些用户特点，拼多多可以实施个性化的营销策略，提供社交化的购物体验以及本地化服务，以更好地满足用户需求，提升用户满意度和忠诚度。

3.6　个性化内容的实现

3.6.1　个性化推荐系统

个性化推荐系统是一种技术，它通过分析用户的历史交互、兴趣以及上下文环境等信息，运用算法模型来向用户推荐定制化的内容。这项技术在电子商务平台、社交网络服务、新闻内容分发、音乐和视频流媒体等众多领域得到了广泛运用。

举例来说，亚马逊运用个性化推荐系统为顾客提供商品建议，以此增加销售量。该系统综合考虑了顾客的购买记录、浏览习惯和评价反馈等数据，为每位顾客量身打造独特的购物体验[15]。

3.6.2　个性化用户体验设计

个性化用户体验设计是一种在产品设计和服务的过程中，充分考虑到各类用户的特定需求、偏好和行为模式的方法，目的是为用户提供量身定制的体验。这种设计方法不仅仅局限于功能性和易用性，同时也注重满足用户的个性化需求和建立情感上的联系。

在实施个性化用户体验设计之前，首先需要开展用户研究，深入探索用户的背景信息、具体需求、追求目标以及面临的难题。这通常通过用户访谈、问卷调查、构建用户画像等方式来搜集相关信息。依据用户研究的结果，设计师描绘出详尽的用户画像，涵盖用户的行动习惯、心理属性、熟练程度等关键要素。

在打造产品和服务的过程中，设计师需细致地考虑用户的实际使用环境，包括用户所在的物理环境、时间节点、所执行的任务以及他们的情绪状态。随后，通过运用算法和数据分析技术，为用户带来定制化的内容、产品推荐或服务方案，设计出能够依据用户行为和偏好进行自我调整的功能。同时，依据用户反馈持续对产品进行优化和更新，以实现设计的持续进化。

耐克的 Nike+ 应用是一个综合性的数字化平台和线上运动社区，它不仅为顾客提供购物和运动的一站式解决方案，还通过追踪用户的运动数据，提供个性化的训练计划和健身建议，帮助用户实现个人健康和运动目标。

Nike+ 应用提供了各种运动训练计划和指导，帮助用户根据自己的健身目标和水平进行训练。用户可以跟踪自己的运动进度，并通过应用获得个性化的训练建议。

作为一个社区平台，Nike+ 应用允许用户分享自己的运动成就，参与挑战，与其他运动爱好者互动，从而建立起一个积极的运动社交网络。用户可以通过 Nike+ 应用直接购买耐克的产品，包括运动鞋、服装和配件。Nike+ 应用还能够根据用户的品位和偏好推荐合适的商品。

注册成为 NikePlus 会员后，用户可以享受包括优先购买新品、生日折扣、特别城市活动参与机会等在内的会员专属福利。应用中的 Nike By You 服务让用户能够对某些耐克鞋款进行个性化定制，选择颜色、材质等，打造独一无二的运动鞋。

Nike+ 应用还可以与其他产品（如 Apple Watch）同步，追踪用户的运动数据，包括跑步距离、速度、消耗的卡路里等。Nike+ 应用还提供丰富的运动相关内容，如运动大咖的幕后故事、穿搭灵感、社区活动等，为用户提供运动和生活的灵感。

Nike+ 应用通过这些功能，不仅提升了用户的购物体验，还鼓励了健康的生活方式，并通过社区的力量激励用户坚持运动。这款应用是耐克数字化转型战略的一部分，展现了耐克如何将传统运动品牌与现代数字技术相结合，创造出新的商业模式和顾客体验。

3.7　数据隐私与伦理考量

在新媒体的背景下，数据隐私与伦理问题变得既复杂又关键。互联网和移动通信技术的迅猛发展使得新媒体平台日渐成为人们生活不可或缺的一部分，然而这也伴随着诸多涉及个人隐私保护和伦理道德的挑战。

个人信息泄露和数据滥用是严重的隐私和安全问题，如个人隐私信息、位置信息、搜索历史、购物习惯等，在未经当事人充分授权的情况下被收集和使用，导致个人隐私泄露。

新媒体平台需要确保在收集和使用用户数据时经过用户同意，并保持高度透明度，让用户了解他们的数据如何被使用。应引入伦理审查机制，确保数据使用和内容发布符合伦理标准，避免侵犯与破坏用户权益和社会道德。

用户要加强对个人数据的保护，提高对数据隐私和网络伦理的认识，增强隐私保护意识和网络道德素养。

在新媒体时代，数据隐私与伦理考量是不可分割的，需要政府、企业和公众共同努力，以确保技术进步带来的便利不会以牺牲个人隐私和伦理标准为代价。

以下介绍 Facebook 数据泄露事件。

2018 年，Cambridge Analytica 公司被揭露非法获取了大约 5000 万 Facebook 用户的个人数据。这些数据最初是通过一款名为 "this is your digital life"的心理测试应用程序收集的，该应用是由剑桥大学的一名心理学教授开发的。

在用户安装该应用并授权后，应用能够访问用户及其好友的 Facebook 数据，包括用户的喜好、关系、生日等信息。尽管用户被告知数据仅用于学术研究，但 Cambridge Analytica 却将这些数据用于商业和政治目的，包括 2016 年的美国总统大选。

这次数据泄露事件引发了全球对个人数据隐私和社交媒体平台责任的广泛关注。Facebook 因其在保护用户数据方面的疏忽而受到了批评，并面临法律诉讼和监管机构的调查。Facebook 股价在该事件曝光后经历了大幅下跌，市值蒸发了数十亿美元。

Facebook 在该事件曝光后采取了一系列措施，包括暂停 Cambridge Analytica 及其母公司使用 Facebook 数据的权限，聘请外部专业公司进行调查，并加强了对第三方应用的审查。Facebook 还改进了其平台的数据访问政策，限制了开发者能够访问用户信息。

Facebook 因这一事件涉及多起法律诉讼，并与美国联邦贸易委员会达成了和解，同意支付罚款，并实施更严格的隐私保护措施。

此事件不仅对 Facebook 的声誉造成了损害，也促使了全球范围内对数据隐私法规的重新审视，尤其是在欧盟实施了《通用数据保护条例》之后，对数据保护的要求更加严格。

3.7.1 用户数据的收集与使用

用户数据的收集可以借助众多工具和平台，例如 Google Analytics、百度统计、各类社交媒体分析工具等，以获取用户的行为数据、内容数据以及互动数据。收集的数据类型涵盖用户的基本信息（例如年龄、性别、地理位置）、浏览和搜索历史、点击行为以及社交媒体上的互动（包括点赞、评论、分享等）。以 QuestMobile 的数据分析为例，截至 2023 年 9 月，抖音、快手、小红书、B 站、微博五大新媒体平台的去重活跃用户规模已达到 10.88 亿，市场渗透率为 88.9%。这些详尽的数据有助于平台更深入地理解用户规模和行为模式，从而为内容创作和商业策略的制定提供了有效的指导。

在收集数据的过程中，必须遵守相关的隐私保护法律法规，确保用户的隐私不被侵犯，并在必要时获取用户的明确授权。

使用用户数据时，首先，利用收集到的数据构建用户画像，以更好地理解目标受众，从而提供更加个性化的内容和服务。其次，分析用户数据，了解哪些类型的内容最受欢迎，据此优化内容策略，提高用户参与度和满意度。最后，使用用户数据进行精准营销，通过个性化推荐和广告投放，提高转化率和投资回报率。根据用户反馈和行为数据，不断迭代产品功能，提升用户体验。

3.7.2　数据安全与用户信任

数据安全与用户信任之间紧密相连。数据安全构成了用户信任的根基，而用户信任又是新媒体平台持续成长的关键要素。构建用户信任是一个动态的、持续的过程，它要求平台持续地进行努力和自我完善，以适应日新月异的网络安全挑战和用户期望的变化。

用户对个人信息的保护意识越来越强。新媒体平台若能确保用户数据不被非法获取或滥用，就能建立起用户的信任。当新媒体平台对其数据收集、处理和存储的政策保持透明时，用户会感到更加安全，从而增强信任感。

平台必须对外明确承诺维护用户数据的安全性，并在实际操作中严格遵守《中华人民共和国网络安全法》《中华人民共和国个人信息保护法》等法律法规。在数据安全事件发生时，新媒体平台的迅速反应和妥善处理将有助于减少对用户信任的损害；应采用最新的加密技术和协议来确保用户数据的安全，防止数据在传输和存储过程中泄露或被窃改；对敏感信息实行严格的访问控制措施，确保只有经过授权的人员才可以接触这些信息，从而降低来自内部和外部的安全风险；定期开展安全审计，对数据安全措施进行评估，及时发现并修复潜在的安全漏洞，增强系统的整体安全性；此外，帮助用户增强网络安全意识也至关重要，包括指导用户设置复杂的密码、识别网络诈骗等，以降低因用户操作不当而引发的安全风险；还要为用户建立便捷的反馈和投诉机制，使用户能够及时上报任何与数据安全相关的疑问或问题，从而快速响应并增强用户的安全感。

数据安全与用户信任确实是密不可分的。在这个信息化和数字化的时代，个人信息的保护尤为重要。新媒体平台作为信息传播的重要渠道，其对用户数据的处理方式直接关系到用户的隐私权益和平台的声誉。例如苹果公司的隐私保护案例。苹果公司的隐私保护政策是其品牌价值的核心组成部分，也是其在激烈的市场竞争中脱颖而出的重要因素之一。苹果公司采用了差分隐私技术，这是一种确保个人数据在被用于统计分析时保持匿名的先进技术。通过这种技术，苹果公司可以从用户数据中提取有用的信息，同时确保无法识别单个用户的身份。苹果公司还提供了多种工具和设置，允许用户控制自己的数据。例如，用户可以选择关闭位置跟踪功能，限制应用程序访问麦克风、相机和联系人等，以及管理广告追踪的偏好设置。

苹果的 iMessage 和 FaceTime 服务使用端到端加密技术，确保只有通信的双方可以查看信息内容，即使是苹果公司也无法访问这些数据。苹果公司承诺只收集必要的数据，并且在可能的情况下，尽量不收集个人识别信息。苹果还定期发布透明度报告，向用户公开其数据请求的情况。

在 App Store 中，苹果公司要求开发者提供应用程序的隐私标签，清晰地说明应用程序收集哪些数据以及如何使用这些数据。这使得用户在下载应用程序之前能够了解该应用的隐私实践。

通过这些措施，苹果公司不仅保护了用户的隐私，也建立了用户对其产品和服务的信任。这种信任是苹果品牌忠诚度和其占据市场领导地位的重要基础。

3.8 数据驱动的未来趋势

3.8.1 人工智能与机器学习在数据分析中的应用

AI 与 ML 在数据分析中的应用已经变得日益重要，它们通过自动化和智能化的方式提高了数据分析的效率和准确性。AI 和 ML 可以自动处理重复性数据分析，如数据清洗、异常检测和报告生成，还可以通过提供数据驱动的见解和建议，帮助分析师更好地理解数据和作出决策。这不仅提高了效率，还减少了人为错误。

ML 可以用于识别大型数据集中的模式和趋势，这是数据挖掘的核心。通过分类、聚类和关联规则学习，可以发现数据中隐藏的洞察，帮助企业作出基于数据的决策。利用历史数据，ML 模型可以预测未来的趋势和行为。例如：在金融领域，可以预测股票价格变动；在电商领域，可以预测用户购买行为；在医疗领域，可以预测疾病发展情况；等等。

ML 在推荐系统中的应用十分广泛，例如亚马逊的个性化商品推荐服务、Netflix 的定制电影推荐等。这些系统通过深入分析用户的历史交互行为和喜好，为用户提供高度个性化的商品或内容推荐。

自然语言处理（Natural Language Processing，NLP）作为 AI 的一个关键分支，致力于赋予计算机处理、解析和产生人类语言的能力。NLP 融合了计算机科学、人工智能和语言学等多学科知识，旨在开发能够理解并运用语言的系统与应用。通过分析和处理大量文本数据，NLP 能够挖掘和提取关键信息与知识。在情感分析方面，NLP 能够识别文本中的情绪倾向，例如判断积极、消极或中立。此外，NLP 还能将人类的语音转换为易于理解的文字形式，自动创建文本摘要以便用户迅速把握长篇内容的核心要点。NLP 的应用使得语音识别和文本转换成为现实，可广泛应用于语音助手、自动字幕生成以及语音控制系统等场景。

随着技术的进步，NLP 可以自动将一种语言的文本翻译成另外一种语言，且准确性和流畅性不断提高；还可以自动生成文本，如新闻文章、故事或诗歌。

NLP 技术的发展极大地促进了从非结构化数据中提取有价值信息的能力，这些数据包括社交媒体帖子、电子邮件、客户反馈、在线评论等。随着深度学习和 ML 技术的融入，NLP 在准确性和应用范围上都有了显著的提升，为各行各业提供了强大的数据分析和处理工具。

Apple 的 Siri 是 NLP 技术的一个典型应用，它是一个虚拟的个人助手，能够理解和回应用户的自然语言指令。

Siri 首先需要将用户的语音输入转换成文本，这一过程涉及先进的语音识别技术，它能够识别多种语言在不同口音、语速和背景噪声下的语音，这要求 NLP 系统能够处理不同语言的语法和词汇差异。将语音转换成文本后，Siri 需要理解用户的意图，这包括识别关键词、解析语句结构、理解上下文和处理模糊或不完整的指令。

Siri 还能维护一个对话状态，以便在多轮对话中保持连贯性，这涉及跟踪用户的需求和偏好，以及在对话中提供适当的响应。其通过搜索互联网、访问 Apple 的数据库或使用第三方服务来找到用户请求的信息，并执行各种任务，如设置提醒、发送消息、拨打电话、播放音乐、提供天气预报等。

Siri 通过用户的交互来学习，以提供更个性化的服务。例如，它会学习用户的日常习惯和偏好，以便更好地预测和满足用户的需求。它能够处理用户的反馈，并在无法理解或执行某个指令时提供帮助或请求更多信息。

Siri 的成功在于其能够以自然和流畅的方式与用户进行交互，这背后是复杂的 NLP 算法和大量的数据训练。随着 NLP 技术的不断进步，Siri 和其他虚拟助手的功能将变得更加强大和智能。

3.8.2 数据驱动的创新商业模式

1. 个性化推荐系统

利用用户行为数据和 ML 算法，新媒体平台如 Netflix 和 Spotify 能够为用户提供个性化的内容推荐。这种模式不仅提升了用户体验，还增强与提高了用户黏性和平台的转化率。

2. 基于数据的内容创作

新媒体公司通过分析用户数据来指导内容创作。例如，新闻网站和博客平台可以根据用户的阅读习惯和偏好来定制新闻报道和文章，从而吸引更多读者。

3. 精准广告投放

通过收集和分析用户数据，新媒体平台能够向特定用户群体投放更加精准的广告。这种模式提高了广告效果，降低了投放广告的成本，同时也为用户提供了更加相关的广告内容。

4. 数据驱动的用户增长策略

新媒体公司通过分析用户获取和留存的数据，优化营销策略和产品设计，从而实现用户基数的快速增长。例如，通过 A/B 测试不同的用户获取渠道和营销信息，找到最有效的方法。

5. 社交媒体影响力营销

品牌可以借助社交媒体上"关键意见领袖"和影响者的数据，与这些具有广泛影响力的个体合作开展营销活动，利用他们的号召力来宣传和推广自己的产品或服务。

例如，有许多品牌与在中国的社交媒体平台上拥有庞大"粉丝"群体的"关键意见领袖"（例如"口红一哥"李某某）合作，通过直播销售或视频广告等形式进行营销。这种直接与消费者互动的方式极大地提升了品牌的知名度和销售额。

6. 数据驱动的定价策略

通过分析用户行为和市场数据，新媒体公司可以实施动态定价策略，根据用户的需求和支付意愿来调整价格，从而实现收益最大化。

航空公司是动态定价策略的早期采用者。它们使用复杂的算法来预测需求和设置价格。这些算法考虑了飞行日期的临近程度、机票销售速度、季节性因素、竞争对手的票价以及航班的填充率。例如，如果一个航班的座位销售缓慢，航空公司可能会降低票价以吸引更多乘客；相反，如果需求强劲，票价可能会上涨。

7. 用户行为分析和市场趋势预测

新媒体平台可以利用大数据和 ML 技术来分析用户行为、预测市场趋势，从而在产品开发和市场策略上作出更明智的决策。

例如，电商平台通过分析用户的点击流数据，发现了一个常见的用户行为序列：浏览商品—添加到购物车—浏览其他商品—返回购物车—修改购物车—完成购买。分析显示，在返回购物车时，有相当一部分用户会移除某些商品或放弃购买。为了优化这一流程，电商平台对购物车页面进行了改进设计，如增加"快速结账"按钮，提供购物车商品的组合优惠，以及在用户添加商品后立即显示推荐商品，从而提高购物车转化率。

8.媒体深度融合

传统媒体通过与新媒体深度融合，采取数据驱动策略来优化内容生产、分发和消费。例如，通过数据分析来优化新闻报道的发布时间和格式，改善新闻的传播效果和提高用户参与度。

2021年5月4日，中央电视台新闻频道推出了大型融媒体AI修复节目《彩绘中国·觉醒》，首次使用4K技术，对历史纪录片胶片进行了修复、上色，为观众带来了一种全新的视觉享受。

这些商业模式展示了新媒体如何通过数据驱动的方式来创新和优化其产品与服务，从而在激烈的市场竞争中获得优势。随着技术的进步和数据分析能力的提高，未来新媒体领域将出现更多基于数据的创新商业模式。

3.8.3 数据驱动创新商业模式案例

无人超市是数据驱动创新商业模式的一个典型案例。这一概念最早由阿里巴巴集团提出，其于2017年在杭州开设了首家无人超市。这一商业模式的核心在于利用先进的数据技术和算法，实现零售店的自动化和智能化运营。

顾客使用手机扫描二维码便可进入无人超市。在超市内部，安装有摄像头与传感器，这些设备用于确认顾客身份并监控他们在店内的活动。无人超市运用自动化的商品识别技术，例如射频识别（Radio Frequency Identification，RFID）或计算机视觉，辨识顾客所挑选的商品。

顾客选购完商品后，通过自助结账台进行支付，无须店员或收银员介入。支付通常通过移动支付完成，如支付宝。通过收集顾客的购物数据，无人超市能够分析顾客的购物习惯和偏好，进而优化商品摆放、库存管理和营销策略。

无人超市减少了人力成本，提高了运营效率。同时，通过数据分析，超市能够更精准地预测需求，减少浪费。其提供了一种新颖的购物体验，顾客可以享受快速、便捷的购物过程，无须排队等候。

无人超市是新零售概念的实践，它展示了如何通过技术整合和数据分析来重塑传统的零售业态。这种模式的推出，不仅引起了零售行业的广泛

关注，为零售业的未来发展提供了新的思路，也为其他行业提供了数据驱
动创新商业模式的参考。

第4章　内容思维

4.1　内容思维的概念及内容的重要性

　　内容思维是以创作、优化和传递有价值的内容为核心，围绕内容的生产、分发、消费及价值实现展开的一种思维方式。它强调从用户需求和体验出发，注重内容的质量、相关性、吸引力和影响力，将内容视为连接品牌与用户、实现商业目标或传播目的的关键要素。

　　新媒体内容之所以重要，是因为在数字化和互联网高度发达的当代社会，内容成了连接用户、传递信息、塑造品牌形象和实现商业目标的关键媒介。新媒体内容的重要性主要表现在以下几个方面：

　　（1）注意力经济的核心。在信息充斥的数字化时代，用户的注意力变得极为宝贵。高质量的新媒体内容能够有效吸引并保持用户的注意力，使得品牌或个人能够在信息的海洋中脱颖而出，实现有效的信息传播。

　　（2）品牌形象的塑造与维护。精心策划的内容是构建和巩固品牌形象的关键。通过持续提供高质量、一致性强的内容，品牌能够树立专业和可信赖的形象，从而在用户心中建立起积极的品牌认知。

　　（3）用户参与和忠诚度。通过互动性强的形式（如评论、点赞、分享等）鼓励用户参与，这不仅能提高用户的参与度，还能增加他们的忠诚度和品牌黏性。

　　（4）个性化营销的实施。新媒体平台的数据分析能力使得个性化的内容推荐成为可能。根据用户的行为和偏好定制内容，可以有效提升用户的满意度，并促进转化率的提高。

（5）内容营销的高效性。内容营销通过提供有价值的内容吸引和留住用户，而非直接推销产品，这种策略有助于建立长期的客户关系，并提高品牌的认知度。

（6）知识传播与教育功能。新媒体作为教育和知识传播的新渠道，通过多种形式（如文章、视频、播客）分享专业知识，提升与增强公众的知识水平和意识。

（7）社会影响力。新媒体内容有时能够引发社会讨论、影响公众意见，甚至推动社会变革。内容创作者通过分享有深度和有影响力的内容，可以在社会层面产生积极的作用。

（8）商业价值的实现。对于新媒体平台和内容创作者而言，高质量的内容是商业变现的基石。通过广告、赞助、付费订阅等方式，高质量的内容可以转化为经济收益。

新媒体的重要性体现在信息传播与获取、教育与学习、品牌建设与推广以及社交与娱乐等多个方面，而且随着科技的进步和新媒体技术的不断发展，其影响力将进一步提升，对人们的生活和工作产生更加深刻的影响。

4.2 "内容为王"的关键点

"内容为王"是一个强调内容质量和重要性的传媒理念，这个概念最初由美国维亚康姆公司总裁萨默·雷石东在 1990 年提出，其核心观点是高质量的内容是媒体和内容产业最宝贵的资产。这一理念在当今数字化、信息化的时代依然适用，尤其是在新媒体领域，内容的质量直接影响着用户的关注度和参与度。

新媒体"内容为王"的理念体现了对用户需求的深入理解和尊重。在新媒体时代，用户获取信息的方式和习惯发生了巨大的变化，他们更加注重内容的个性化、多样化和互动性[16]。因此，新媒体内容需要不断创新和优化，以满足用户不断变化的需求和期望。

新媒体时代的"内容为王"理念不仅凸显了内容创作的重要性，同时也强调了创作者在传递信息时所肩负的责任与使命。内容创作者需要不断提升自己的专业素养和创新能力，关注社会热点和用户需求，创作出更多优质的内容，为用户带来更好的体验和更大的价值，积极传递正能量和有价值的信息，为社会的发展作出积极的贡献。"内容为王"有以下三个关键点。

1. 内容的全面性

内容的全面性是指内容在设计和呈现时能够全面、准确地覆盖所要表达的主题和信息，确保信息的完整性和深度。内容的全面性可以从以下几个方面来理解和实现：

（1）知识结构层面。一个完整的内容体系应该包括科学事实、具体概念和方法、核心概念和方法、跨学科主题以及哲学观点等不同层次的知识结构，这种结构有助于从不同角度深入地探讨和解释一个主题。

（2）信息组织层面。内容的全面性要求在信息的组织上要有序，能够清晰地传达主题事实、概念、原理和理论等，使得内容既有深度又有广度。

（3）营销策略层面。在内容营销中，全面性意味着品牌需要通过创建和分享多维度的有价值的内容来吸引用户，这些内容应该能够全面地反映企业的相关信息，从而促成销售。

（4）项目管理层面。一个全面的项目方案应该包含项目背景、目标、范围、时间计划、资源需求、预算控制、风险评估、执行计划和沟通机制等各个方面的信息。

2. 内容的深度与价值

内容的深度与价值是指内容不仅具有吸引用户的能力，还包含实质性的信息和知识，对用户产生积极的影响。在新媒体环境中，内容的深度与价值体现在以下几个方面：

（1）文化传播。将传统文化与新媒体相结合，创造新的内容形式，使传统文化在现代社会中焕发新生。例如，人民日报通过新媒体平台发布内容，将博物馆的藏品以新颖的方式呈现给公众。

（2）媒体融合。在媒体融合的背景下，内容生产需要结合不同媒体的特点，创作出更丰富、更有深度的内容。例如，探索"新闻＋政务服务"的模式，将新闻内容与公共服务相结合，提供更多元化的服务。

（3）持续强化内容建设。为了夯实媒体深度融合的基础，需要坚持不懈地强化内容建设，确保内容的质量和深度。

综上所述，内容的深度与价值是新媒体内容生产中不可或缺的一部分，它要求内容创作者不仅要追求形式上的创新，还要注重内容本身的质量和实际价值。

Netflix 公司是一家全球领先的流媒体视频服务提供商，最初它是一家在线 DVD 租赁服务公司，2002 年，Netflix 进行了一次重要的转型，开辟了线上业务，开始提供流媒体视频服务。Netflix 积极投资于原创内容的创作，成功打造了一系列备受瞩目的独家剧集和电影。这些作品往往具有高质量的剧本、出色的演员阵容和精湛的制作工艺，吸引了大量观众。例如，剧集《纸牌屋》《怪奇物语》和电影《罗马》等都获得了极高的口碑和收视率，为 Netflix 赢得了大量忠实用户，Netflix 逐渐扩大了市场份额。

3. 内容的多样性与丰富性

新媒体已经超越了传统文字和图片的传播界限，它融合了音频、视频、动画等丰富的多媒体元素。这种多元化的传播手段使得信息内容变得更加直观和生动，极大地提升了内容的吸引力和传播效力。例如，一条新闻可以通过短视频、音频解读、文字报道和图片展示等多种方式呈现，以满足不同受众群体的需求。

新媒体内容覆盖了从娱乐、教育、科技、健康、旅游到政治、经济等几乎所有领域，用户能够依据个人兴趣和特定需求，自主挑选并关注多样化主题下的内容。

新媒体内容鼓励用户参与，用户可以通过评论、点赞、分享等方式参与到内容的传播中，与作者或其他用户进行交流和讨论。这种互动性不仅增强了用户的参与感，也使得内容更加丰富和多元，贴近用户的实际需求和兴趣。

新媒体平台为各种背景的创作者提供了发声的机会，无论是专业人士、业余爱好者还是普通用户，都可以创作和分享内容。这种多样化的创作者生态催生了广泛的观点和创新思维。

随着全球化的发展，新媒体内容也越来越注重地域和文化的多样性。创作者会考虑到不同地区和文化背景的用户需求，创作具有地域特色或跨文化的内容。

新媒体内容的多样性和丰富性在现实中有诸多体现。以微博为例，新浪微博作为一个综合性的新媒体平台，汇集了丰富多样的内容形式，包括文字、图片、视频和音频等。在这个平台上，用户可以接触到各种类型的内容。例如：新闻博主会发布最新的社会新闻和政策解读，通常结合图文或视频，既确保信息能够准确传达，又增加了内容的吸引力；娱乐博主会分享明星动态和影视评论，配以精美的视觉素材，吸引众多"粉丝"参与互动。

个人用户也积极参与内容创作，例如：旅行博主分享的旅行日志、风景照片和实用攻略，不仅提供了实用信息，还激发了人们的探索欲望；美食博主则通过展示美食制作过程和成品，让观众在享受视觉盛宴的同时也能学习到烹饪技巧。

企业和机构借助微博平台进行品牌宣传和公益倡导。品牌方面，其通过发布最新的产品信息和活动动态，利用微博强大的传播网络吸引潜在顾客；公益组织则通过微博发起呼吁，提高社会对重要议题的关注度与参与度，从而增强公益事业的社会影响力。微博内容的多样性和个性化，使其成为一个信息丰富、互动性强的平台，用户可以根据自己的兴趣和需求，轻松浏览、搜索、分享和互动，获取有价值的信息和丰富的体验。新媒体内容的多样性和丰富性，满足了现代社会人们在信息获取、社交互动和娱乐休闲方面的需求，成为其日常生活中不可或缺的一部分。

4.3 内容创作与策划

新媒体内容创作与策划是指在新媒体环境下，为了达到特定的传播目的和效果，对内容进行创意构思、主题设定、素材准备、制作执行和发布推广的一系列活动。这个过程涉及创意思维、市场分析、用户研究、技术应用等多个方面，旨在创作出既有吸引力又有传播力的内容，以吸引和保持用户的注意力，实现品牌建设、信息传播或商业营销等目标。

新媒体内容创作与策划在新媒体领域具有举足轻重的地位，是推动新媒体发展的核心动力，也是提升新媒体影响力的关键所在。

　　新媒体内容创作是指在各类新媒体平台上制作和发布的包括文字、图片、音频和视频在内的多种形式的内容。这些内容是为了吸引用户的注意力并延长他们的停留时间，从而增强用户黏性和活跃度，实现品牌宣传和用户基数增长等商业目标。在新媒体的生态中，高质量内容的创作是至关重要的，它能够快速捕获用户的注意力，提升平台的声誉和影响力。

　　新媒体内容策划则是一个更为全面和战略性的过程，它涉及对目标受众需求的细致分析、内容主题的精确定位，以及内容表现形式的创新尝试。通过精心策划，新媒体内容能够更好地满足用户的兴趣和需求，从而提升内容的传播力和实现更高的用户参与度。内容策划在新媒体领域同样占据不可或缺的地位，它能够帮助企业或个人更加精准地把握用户需求，制定出更加有效的新媒体内容推广策略。

4.3.1　创意内容的产生

　　创意内容的产生在新媒体领域是一个包含多个阶段和要素的综合性过程。创意内容是新媒体行业的核心，也是吸引用户、保持竞争力的关键。新媒体创意内容的产生有以下关键步骤和考虑因素：

　　（1）深入洞察目标受众。这一阶段的首要任务是全面把握目标受众的需求、偏好和行为特征，可以通过市场调研、用户调查或数据分析等方式来实现。只有对受众有深入的了解，才能创作出真正符合他们需求和期望的内容。

　　（2）创意概念的形成。基于对目标受众的洞察，开始构思创意，这涉及确定内容的主题、风格、格式和信息传达。创意构思可以是原创的，也可以是对现有内容的创新改编或重新解读。

　　（3）内容策略规划。在这一阶段，需要规划内容的框架、布局和展示方式。例如，是否需要插入视频、图片或互动元素，以及这些元素应该如何组合和安排，以获得最佳的用户体验和信息传达效果。

　　（4）内容的创作与制作。依据策划方案，进行内容的创作和制作，包括撰写文案、设计视觉元素、拍摄视频和后期编辑等。在这一阶段，需要确保内容的质量和创意性，同时符合品牌形象和受众期望。

　　（5）发布策略与推广。内容制作完成后，选择适当的平台和渠道进行发布和推广。新媒体平台的选择根据受众的特征和行为习惯来确定，如社交媒体、短视频平台或博客等。同时，通过付费广告、合作推广或社交媒体营销等方式，提高内容的曝光度和传播效果。

（6）反馈与优化。发布后，密切关注受众的反馈和互动情况。收集和分析数据，了解内容的受欢迎程度和可能存在的问题。根据反馈进行必要的调整，以提升内容品质和受众满意度。

在创作新媒体创意内容时，还需要注意以下几点：

（1）保持创新。新媒体环境日新月异，要始终保持敏锐的洞察力和创新精神，不断尝试新的创意和内容形式。

（2）注重用户体验。以用户为中心，关注用户的需求和体验，创作出能够引起共鸣和激发情感的内容。

（3）注重传播价值。新媒体内容不仅要有创意性和趣味性，还要具有一定的传播价值，能够引发讨论和分享，提高品牌影响力。

4.3.2 用户参与内容创作

用户参与内容创作是指普通用户或消费者在内容生成过程中发挥积极的作用，通过提供创意、素材或直接创作等方式参与到内容的创作中来。这种模式体现了 Web 2.0 时代互动、共享和协作的特点。它打破了传统媒体时代内容由专业制作人员单向输出的模式，使得内容创作变得更加民主化和多元化。图 4-1 为常见的一些用户参与内容创作的平台。

图 4-1　常见的用户参与内容创作的平台

2023 年的《逃出大英博物馆》是一部在新媒体平台上引起广泛关注和用户参与的微短剧。该剧以拟人手法，讲述了一盏中华缠枝纹薄胎玉壶化身成一个可爱的女孩从大英博物馆出逃，并偶遇一名在海外工作的中国媒体人，随后二人共同踏上归家之路的故事[17]。

《逃出大英博物馆》的创意源自一位网友的脑洞，这一想法在社交媒体上获得了广泛的共鸣和支持。同时，该短剧的制作和发布恰逢大英博物馆被盗事件，这一时事新闻为短剧的背景提供了现实关联，增加了作品的紧迫感和社会关注度。

在内容创作与用户参与上，该短剧采用文物拟人化的手法，讲述了一盏中华缠枝纹薄胎玉壶从大英博物馆出逃并寻求帮助回到中国的故事。创作者们通过精心的剧本创作、服化道设计、摄影、剪辑等，将这一创意转化为引人入胜的作品，吸引了大量观众的关注。其从文物的视角展现了对家国的深厚情感，触动了观众的情感共鸣，尤其是引发了人们对于文物流失海外的历史问题的思考。该短剧不仅仅是一部娱乐作品，更是对文化传承和文物保护的一次深刻反思，激发了公众对文化遗产的关注和讨论。

该短剧的成功，新媒体平台发挥了重要作用。创作团队利用 B 站、抖音等新媒体平台进行内容发布和推广，使得短剧能够迅速传播并吸引大量用户参与讨论。新媒体平台的互动特性让用户能够通过评论、分享、点赞等方式参与到内容的传播中来，形成了较高的用户参与度和较强的社区效应。

该短剧通过创意内容、情感共鸣、新媒体平台的传播以及用户的高度参与，实现了传播文化和扩大社会影响的双重目标。成功不仅在于其内容具有吸引力，还在于它引发了对归还文物和文化自信的社会讨论。该短剧的爆火也激励了更多的创作者和用户参与到类似主题的内容创作中来，推动了新媒体内容创作的多元化和深度发展，展示了新媒体时代下内容创作与用户参与相结合的巨大潜力。

用户参与新媒体内容创作的过程，不仅为内容创作者提供了丰富的素材和灵感，也为内容的传播和影响力的提升提供了动力。这种互动性和参与性是新媒体时代内容创作的重要特征，它使得内容创作更加多元化、个性化，并且能够更好地满足与符合用户的需求和兴趣。

4.4 传播渠道与策略

4.4.1 新媒体传播渠道

新媒体传播渠道涵盖了依托于数字技术和互联网平台的各种信息传播途径，这些渠道使得信息能够迅速且广泛地覆盖全球受众。表 4-1 是部分新媒体传播渠道及特点。

表 4-1　部分新媒体传播渠道及特点

渠道	具体网站平台	特点
社交媒体平台	微信（包括微信公众平台、微信个人号、微信群）、微博、Facebook、Twitter、Instagram	具有庞大的用户基础和高度的互动性，是内容传播的重要渠道
短视频平台	抖音、快手、B 站、YouTube	视频内容因其直观性和娱乐性而受到用户的青睐，易于吸引注意力并促进内容的分享
直播平台	映客、花椒、一直播	直播为观众与主播之间的即时互动创造了条件，使得观众能够实时参与互动，从而显著提升了用户的参与度和对品牌的忠诚度
头条资讯	今日头条、一点资讯、网易新闻、Flipboard	这些平台整合新闻资讯，向用户提供个性化的信息阅读服务
知识社区	知乎、Reddit	这类平台聚集了特定兴趣群体，内容在这里可以找到目标受众并引发深入讨论
购物分享平台	小红书、微淘	这类是集社交和购物于一体的平台。用户可以在这类平台上分享自己买到的商品，其他用户可以通过这些分享知道哪些商品值得购买

4.4.2 新媒体内容传播策略

新媒体内容传播策略是指为了在新媒体环境下有效地推广内容而采取的一系列计划和行动。合理制定新媒体内容传播策略有助于提高内容的可见性、参与度和转化率。新媒体内容传播策略如图 4-2 所示。

目标受众定位
首先明确目标受众的特征和需求，选择与目标受众相匹配的新媒体渠道进行传播

内容形式选择
根据不同新媒体渠道的特点，选择合适的内容形式，如文字、图片、视频等

传播时间规划
合理安排发布时间，考虑目标受众的活跃时间段和信息推送的高峰期

新媒体内容传播策略

多渠道协同
整合多个新媒体渠道的资源和优势，形成联动效应，扩大内容的传播范围和影响力

数据分析
通过对传播效果的数据监测和分析，了解内容的传播情况和用户的行为特征，为后续的传播策略调整提供依据

互动与反馈
鼓励用户参与内容的互动和讨论，收集用户的反馈意见，不断优化传播策略

图 4-2　新媒体内容传播策略

除此之外，新媒体内容创作者还应定期更新内容，保持其新鲜感和时效性；同时，对过时的内容进行必要的维护和更新，以维持其对用户的吸引力；与行业内的"关键意见领袖"或知名博主合作，利用他们的影响力和"粉丝"基础来推广内容[18]；制定应对负面反馈或潜在危机的策略，确保在面对挑战时能够有效维护品牌形象；持续了解和学习最新的趋势和技术，适应平台算法的更新，以保持传播策略的有效性。

4.4.3　跨平台内容传播

新媒体跨平台内容传播是指将内容通过多个不同的新媒体平台进行发布和推广，以实现更广泛的受众覆盖和更高的用户参与度。这种传播方式充分利用了各个平台的独特优势和用户基础，提高了内容的可见性和影响力。

相关跨平台内容的案例如下：

（1）《花千骨》的跨媒介传播。电视剧《花千骨》改编自同名网络小说，通过电视剧、网络游戏、漫画、网剧、电影等多种形式进行跨平台传播。这种多元化的传播策略极大地提高了作品的影响力，吸引了大量"粉丝"，实现了良好的市场效益。

（2）主流媒体国内外社交平台融合传播。国内主流媒体，如中央广播电视总台、人民日报等在 YouTube、Facebook 等海外社交平台上运营官方账号，通过发布新闻纪录片、文化节目等内容，提升国际传播能力，讲好中国故事。

（3）短视频新闻。作为一种新兴的资讯传播方式，短视频新闻正借助抖音、快手等流行平台实现快速且广泛的传播。例如，《新闻联播》在短视频平台上发布内容，吸引年轻观众[19]，实现了传统媒体内容在新媒体平台的有效传播。

4.5 传播创新与技术应用

4.5.1 现状以及挑战

新媒体传播创新与技术运用的现状呈现出多元化、智能化、高度互动的特点和蓬勃发展的态势。技术运用方面，大数据、AI、VR 等前沿技术被广泛应用于新媒体领域，为内容传播和用户体验带来了革命性的变革。

新媒体平台展现出多样化和广泛普及的特点。随着科技的不断发展，新媒体平台不断涌现，包括社交媒体、短视频、直播、AR、VR 等多种形态。这些平台不仅丰富了用户获取信息的渠道，也为内容创作者提供了更广阔的空间。此外，新媒体平台的覆盖范围不断扩大，渗透到不同年龄和社会各界，正逐渐转变为人们日常生活中不可或缺的一部分。

技术进步成为推动新媒体传播发展的关键力量。大数据、AI、云计算等前沿技术的应用，使得新媒体传播更加精准、高效和个性化[20]。例如：通过大数据分析，新媒体平台可以精准地了解用户的兴趣和需求，从而推送更符合用户口味的内容；AI 则可以帮助平台自动筛选、编辑和推荐内容，提高传播效率；云计算为新媒体平台提供了高效的数据处理和强大的数据存储能力，确保了平台运行的稳定性和可靠性。

新媒体传播正不断推陈出新，创新其内容的表现形式，除了传统的文字、图片和视频外，H5 页面、动态海报、互动小程序等新型内容形式不断涌现，使得新媒体传播更加生动、有趣和具有互动性。这些新型内容形式不仅吸引了用户的眼球，也提高了用户的参与度和黏性。

以短视频平台为例，它们通过算法推荐、个性化定制等功能实现了内容的精准推送，大大提高了用户的参与度和黏性。同时，短视频平台还通过引入"关键意见领袖""网红"等，打造了一系列具有影响力的内容 IP

（Intellectual Property，知识产权），进一步提升了平台的传播效果。

在新媒体传播创新和技术应用过程中，也存在一系列问题。例如：信息泛滥和碎片化现象让用户在筛选和获取有价值信息时感到困难；用户对隐私保护和数据安全的担忧日益加剧；此外，内容质量控制和知识产权保护问题也迫切需要得到妥善处理。

4.5.2　互动性与参与性技术

新媒体的互动性与参与性技术是现代信息传播领域的重要发展成果，它们极大地丰富了用户与内容之间的交互方式，提升了用户的参与感和体验感。

新媒体的互动性与参与性技术不仅改变了用户与内容之间的交互方式，也深刻地影响了用户的行为模式。用户的角色已经从单纯的信息接收者转变为主动的参与者和内容创作者。他们可以自由地表达自己的观点和感受，与其他用户进行交流和合作，共同构建和丰富新媒体的内容生态。

新媒体的互动性主要表现在用户与内容、用户之间的即时交流上。这种互动得以实现，依赖于如下一系列先进的技术手段：

（1）用户界面与交互设计。新媒体平台通过改进用户界面和优化交互体验，使用户与内容的互动变得更加直观和便捷。例如，通过简单的点击、滑动或语音指令，用户就可以完成信息的获取、反馈和分享等操作。

（2）实时反馈机制。新媒体平台通常具备实时反馈机制，如点赞、评论、分享等，用户可以实时发表自己的观点和感受，与其他用户进行互动。

（3）个性化推荐系统。利用大数据和 AI 技术，新媒体平台能够分析用户的兴趣和行为模式，向用户推荐定制化的内容，从而实现内容与用户兴趣的精确对接。

新媒体的参与性表现在用户可以直接参与内容的创作、传播和分享活动。这一过程主要依托于以下技术支持：

（1）内容创作工具。新媒体平台提供了丰富的内容创作工具，如文字编辑、图片处理、视频剪辑等，用户可以轻松地创作和发布自己的内容。

（2）社交分享功能。用户可以将自己创作的内容分享到社交媒体上，与其他用户进行交流和互动，从而提升与扩大内容的影响力和传播范围。

（3）协作编辑与共创。在一些新媒体平台上，用户可以与其他用户协作编辑内容，共同创作出更具创意和价值的作品。

4.5.3 新兴技术在内容传播中的应用

1.人工智能

AI 技术在内容创作、编辑、推荐等方面发挥了重要的作用。应用 AI 技术可以自动生成新闻稿件、辅助视频剪辑、进行语音合成等，并且可以通过学习用户行为，提供个性化的内容推荐，提高用户参与度和满意度。例如人民日报社 AI 编辑部的"多模搜索"，它整合了智能文本、图片和视频搜索，极大地提高了编辑和记者在信息搜集方面的效率。

2.5G 技术

5G 的高速度和低延迟特性为新媒体内容的实时传输提供了可能，其可支持高清视频直播、远程采访等。5G 技术的应用进一步促进了 VR 和 AR 等沉浸式体验技术的进步和发展。例如，在 2020 年全国两会前夕，新华社新媒体中心首次推出 5G 全息异地同屏访谈，在业界率先使用了 5G 网络传输＋全息成像技术，让异地全国人大代表与记者跨越时空"面对面"讲述履职故事，开创了 5G 时代远程同屏访谈先河，为媒体深度融合提供了应用样板。

3.云计算

云计算提供了强大的数据处理能力和庞大的存储空间，使得媒体机构能够处理海量数据。它支持多平台内容的同步发布和管理，还支持远程工作和协作，提高了内容生产的效率。例如，人民日报媒体技术股份有限公司建设的全国党媒信息公共平台利用云计算技术，对海量内容进行智能化和自动化处理，实现了个性化推送。

4.大数据

大数据分析帮助媒体机构更好地理解受众需求，优化内容策略。通过分析用户数据，媒体可以精准定位目标受众，实现内容的个性化推送和广告的精准投放。例如，人民日报社利用构建的主流价值观知识图谱和智能标签系统，并结合用户画像分析，实现了内容的精准推送。

5. **虚拟现实和增强现实**

VR 和 AR 技术为用户带来了创新性的沉浸式体验。在教育、旅游、娱乐等领域，这些技术能够让用户通过虚拟环境进行学习和体验，提高了内容的吸引力和互动性。例如，在零售业中，VR 可以用来模拟店内环境，帮助客户进行虚拟导航，找到产品，甚至通过虚拟试衣间试穿衣服。例如，Makeup Genius 这类应用就应用了 VR 技术实现用户虚拟试妆。AR 技术在文化遗产的保护和展示方面显示出了巨大的潜力。例如，通过 AR 技术，可以对受损的文物进行数字化复原，让参观者能够在不接触实物的情况下更加直观地了解文物的原貌和背后的故事。

6. **物联网**

物联网（Internet of Things，IoT）技术使得各种设备能够互联互通，为内容传播提供了新的渠道。例如，智能家居设备可以成为内容播放的新平台。

7. **区块链**

区块链技术通过确保内容的原创性和防窜改性，为创作者提供了版权保护的有效手段。例如，一些媒体平台使用区块链技术来追踪和验证内容的原创性。

8. **社交媒体和移动应用**

社交媒体与移动应用的广泛普及极大地提高了内容的传播速度，并扩大了其覆盖范围。用户可以通过这些平台轻松分享和讨论内容，形成强大的社交网络效应。

4.6　内容营销与品牌建设

新媒体内容营销与品牌建设是现代企业市场战略的重要组成部分，通过创作和分享有价值、相关和一致的内容来吸引和保留明确定义的受众，最终驱动盈利。

4.6.1　内容营销策略

（1）热点营销。利用当前热门事件、话题或流行文化进行内容创作和推广，吸引用户的注意力。这种营销策略的关键在于快速响应和创意性的融合，将热点与品牌或产品相结合，形成有趣、有吸引力的内容。

（2）故事化营销策略。采用叙述品牌故事或用户故事的方式，加强与加大用户对品牌的认同感和情感投入。故事化的内容能够深入人心、引发共鸣，从而提升品牌影响力和用户忠诚度。

（3）个性化营销策略。依据目标受众的兴趣、需求和偏好，提供个性化的内容和服务。通过分析数据、构建用户画像等，深入了解受众特点，为不同群体提供有针对性的内容，提高营销效果。

（4）互动营销策略。激励用户参与内容的创作、分享和推广，促进用户生成内容。通过举办活动、发起话题、邀请用户投票等方式，激发用户的积极性，提高品牌曝光度和影响力。

（5）跨平台营销策略。在多个新媒体平台上同步进行内容的发布和推广，实现对目标受众的全面覆盖。根据不同平台的特点和用户群体，调整内容形式和风格，确保内容在各平台都能获得良好的传播效果。

（6）视觉化营销策略。强调内容的视觉吸引力，运用图像、视频、信息图表等视觉元素来吸引用户的注意力。视觉化的内容更易于被用户理解和接受，有助于提高内容的传播效率和转化率。

（7）数据驱动营销。通过收集和分析用户行为数据、内容表现数据等，洞察目标受众的需求和偏好，进而优化内容的质量和营销的传播效果。

新媒体内容营销策略的核心在于创作有趣、有吸引力的内容，选择合适的传播渠道，满足消费者的需求[21]，并与之建立深度的情感联系，从而提升品牌的知名度和影响力，促进业务的增长。

4.6.2 内容与品牌忠诚度

新媒体内容与品牌忠诚度之间存在着一种相互促进和加强的动态关系。新媒体平台，如社交媒体、博客、视频分享网站等，为品牌提供了与消费者直接互动、传播品牌文化和理念的渠道。例如星巴克，分析如下：

（1）深化品牌故事和产品符号化。星巴克通过讲述品牌故事和强化产品符号（如标志性的绿色和白色标志），塑造了一个鲜明的品牌形象，有助于加强消费者与品牌之间的情感联系，进而提高品牌忠诚度。

（2）社交媒体的互动营销。星巴克利用社交媒体平台与消费者进行互动，如在 Instagram、Twitter 等平台上举办活动，鼓励用户分享在星巴克的消费体验。这种互动不仅提升了消费者的参与度，也通过用户生成内容提高了品牌的影响力。

（3）个性化体验。星巴克通过提供定制化服务和产品选项，显著提升了顾客的个性化体验。例如，星巴克的"Doodle it"活动允许消费者在咖啡杯上进行个性化涂鸦，这种个性化体验让消费者感受到了品牌的关注，提高了品牌忠诚度。

（4）环保与社会责任。星巴克通过推行环保项目，如"随身花园"等活动，彰显了其在履行社会责任方面所作的努力。这些活动不仅树立了品牌形象，也让参与活动的消费者感到自豪，从而提高了品牌忠诚度。

（5）数字化营销。星巴克通过移动应用、移动支付系统等数字化手段，为消费者提供了便捷的服务，如移动支付和会员积分系统。这些数字化服务的便捷性极大地提升了顾客体验，进而提高了他们对品牌的忠诚度。

（6）本地化策略。星巴克在不同市场采取本地化策略，如在中国推出新春星历，结合当地文化和节日，提供特别优惠。这种贴合当地市场的新媒体营销策略，使品牌更加亲近消费者，有效提升了品牌的吸引力。

（7）内容营销的创新。星巴克不断创新内容营销的方式，如推出 Starbucks Keyboard 输入法应用，以及与纽约时报合作在 App 中提供新闻内容。这些创新举措不仅提供了新的用户体验，也展示了品牌的前瞻性和创新精神。

4.7　内容思维应用实践案例

Keep 是一款综合性的手机应用，涵盖了健身、跑步、骑行、计步、饮食建议和运动社区互动等多元功能。它利用新媒体内容思维，为用户提供个性化的训练计划和丰富的健身教学内容，帮助用户达到健身目标。

Keep 的新媒体内容思维应用实践体现在以下三个方面：

（1）在内容推荐方面，Keep 根据用户的个人信息、运动偏好和健身目标，为用户推荐个性化的训练计划和课程内容。这种定制化的内容推荐方式，不仅提高了用户的满意度和黏性，还提升了用户对 Keep 品牌的忠诚度。

（2）在内容形式方面，Keep 的内容形式非常多样化，包括图文教程、视频课程、音频指导等。这些内容形式满足了用户在不同场景下的健身需求，如在家中、办公室或户外等。同时，Keep 还邀请了众多知名健身教练和专家为用户提供专业、科学的健身指导。

（3）在内容互动方面，Keep 建立了一个庞大的用户社区，鼓励用户在社区内分享自己的健身成果、心得和经验[22]。用户能够通过点赞、评论和关注进行互动，营造了一个积极正面的社交环境。这种社区化的内容互动方式，不仅增强了用户的归属感和参与感，还为 Keep 带来了更多的 UGC。

Keep 通过追踪用户的运动表现和健身进展，提供了基于数据的个性化反馈，帮助用户更好地了解和提升自己的锻炼效果。用户可以随时查看自己的运动轨迹、消耗的卡路里、达成的健身目标等信息。这种数据化的反馈方式，不仅让用户更加清晰地了解了自己的健身进度和效果，还为 Keep 提供了宝贵的数据资源，用于优化产品和服务。

Keep 在新媒体内容思维方面表现出创新性和实用性。在创新性上，它将传统的健身理念与新媒体技术相结合，创造出了一种全新的健身体验。其利用大数据和人工智能技术，为用户提供个性化的健身指导和内容推荐。同时，通过社区化的内容互动和数据化的内容反馈，打破了传统健身行业的界限，为用户带来了更加便捷、高效和有趣的健身体验。Keep 通过提供定制化的内容推荐和丰富的内容展现方式，满足了用户在各种场景下的健身需求，增强了实用性。社区化的内容互动和数据化的内容反馈则让用户更加积极地参与健身活动，并随时了解自己的健身进度和效果。这些功能不仅提高了用户的满意度和黏性，还为 Keep 带来了更多的商业机会，并提高了品牌影响力。

同时，Keep 还与众多品牌携手，开展新媒体营销合作，实现跨平台的内容整合与传播。Keep 与荷美尔、玛丽黛佳合作，整合荷美尔和玛丽黛佳在饮食、美妆领域的消费者认知，联名推出了"美不止一面"限量礼盒，打破运动、美食和美妆的次元壁。Keep 利用微纪录片等创新形式，为品牌打造了多样化的营销内容，成功实现了跨界合作。

Keep 的新媒体内容思维以用户为中心，注重内容的个性化、多样性和互动性，通过数据驱动优化和跨平台整合传播，为用户提供了全新的健身体验。

第 5 章　技术思维

5.1　技术思维的概念与特点

技术思维反映了随着科技的进步和互联网的广泛普及，人们在信息传播和思维模式上经历的一场革命。这种思维不仅彰显了技术发展的成果，更代表了思维方式的根本性转变。具体来说，技术思维的核心是在新媒体环境下，基于互联网和数字技术的创新和应用，以用户为中心，打破传统媒体的局限，实现信息的自由传播和共享。这种思维方式强调交互性、实时性、个性化和数据驱动，推动了新媒体行业的发展和创新，为用户提供了更加丰富、便捷和个性化的信息体验。

技术思维的特点包括以下几个方面：

（1）交互性思维。技术思维强调信息传播的双向互动性，即重视传播者与受众之间的实时交流。用户通过评论、点赞、分享等社交功能，能够积极参与到信息的传播与讨论中。这不仅提升了信息的传播效率，也增强了用户的参与感和沉浸感。

（2）实时性思维。技术思维倡导信息传播的即时性，确保信息能够迅速传播和更新。随着互联网和移动设备的普及，新媒体平台可以实现 24 小时不间断地发布和接收信息，用户也能够随时获取最新的信息。

（3）个性化思维。技术思维重视个性化的信息表达和传播。通过分析数据和构建用户画像，新媒体平台可以根据用户的兴趣和偏好，提供定制化的内容推荐和服务，满足用户个性化的需求。

（4）数据驱动思维。技术思维突出数据在信息传播策略和决策过程中的核心作用。通过收集和分析用户数据，新媒体平台可以了解用户的行为习惯、消费偏好等信息，为精准营销和优化服务提供数据支持。

5.2　新媒体技术的发展趋势

新媒体技术的发展趋势是向着更深度融合、智能化、实时交互以及数据驱动个性化服务的方向不断演进的。

新媒体技术的发展趋势主要体现在以下几个方面：

（1）新媒体技术的融合与网络化。随着 5G、物联网等通信技术的成熟，新媒体技术正朝着多种业务融合和网络化的方向发展。这种融合不仅体现为不同媒体形式之间的交融，如文字、图片、视频、音频的多元呈现，还体现为新媒体与各行各业之间的跨界合作。例如，新媒体与教育、医疗、电商等领域结合，催生了在线教育、远程医疗、直播带货等新型业务模式。这种融合和网络化的趋势极大地丰富了新媒体的内涵和应用场景，也为其带来了无限的发展空间。

（2）智能与嵌入式新媒体设备的发展。随着 AI 技术的持续进步，新媒体设备变得越来越智能。从智能手机到智能家居，从可穿戴设备到自动驾驶汽车，新媒体终端设备已经能够根据用户的需求和习惯，提供个性化的信息服务和交互体验。同时，随着物联网技术的普及，新媒体终端设备也逐渐向嵌入式方向发展，即将新媒体功能嵌入各种日常用品中，使之成为人们生活的一部分。这种智能化和嵌入式的发展趋势不仅提高了新媒体的便捷性和可用性，也为其开辟了更为广阔的市场前景。

（3）实时性、交互性及用户体验的增强。实时性和交互性构成了新媒体技术的基础。随着网络传输速度的不断提升和互动技术的创新应用，新媒体在实时性和交互性方面取得了显著的进步。例如，直播技术让用户实时了解全球动态，社交媒体让用户随时与他人互动，而 VR 和 AR 技术则提供了沉浸式的体验。这些技术的进步不仅提升了新媒体的用户体验，也提高了其吸引力和影响力。

（4）数据驱动的个性化服务。作为新媒体技术发展的关键支柱，大数据技术通过对大量数据的收集、分析和深入挖掘，使新媒体平台能够精确地捕捉用户的兴趣、偏好、行为模式和消费倾向，依托这些洞察，新媒体平台得以为用户提供量身定制的内容、个性化的服务体验以及精确的市场定位策略。这种数据驱动下的个性化服务趋势不仅提高了新媒体的用户黏性和满意度，也为其带来了巨大的商业价值和发展潜力。

（5）VR 和 AR 技术的应用。随着这两项技术的持续进步，新媒体领域日益重视将它们融入技术实践之中。通过 VR 和 AR 技术，新媒体平台可以创造出更为真实和生动的场景，使用户能够更加深入地体验和参与信息的传播过程。这种趋势将推动新媒体技术向更加沉浸式和体验式的方向发展。

5.2.1　人工智能与机器学习

新媒体技术中的 AI 与 ML 是紧密相连的，它们共同推动着新媒体向智能化、个性化和高效化的方向发展。

AI 在新媒体技术的发展中发挥着核心和关键的作用。通过模拟人类的智能行为和思维过程，AI 可以处理和分析大量数据，从而实现信息的智能推荐、精准投放和个性化服务。例如，在社交媒体平台上，AI 算法可以根据用户的兴趣、行为和社交关系等数据，为用户推荐相关的内容、好友和群组，提高用户的参与度和满意度。此外，AI 还可以应用于新媒体内容的创作和生产，如自动化新闻写作、智能视频剪辑等，大大提高了新媒体内容的生产效率和质量。

ML 是人工智能的一个重要分支，它通过训练和优化算法，使计算机能够自动地从数据中学习和提取有用的信息。在新媒体技术中，ML 被广泛应用于用户画像构建、内容推荐、广告投放等场景。例如，新媒体平台利用 ML 算法分析用户的浏览历史、搜索行为和互动数据，以此构建详尽的用户画像。依托这些画像，平台能够向用户推荐高度相关的内容和广告。这种基于 ML 的个性化推荐机制不仅提升了信息传播的精确性和效率，同时也极大地丰富了用户的体验，提高了用户满意度。

此外，ML 技术也被广泛应用于新媒体内容的深入分析和数据挖掘。通过对大量的新媒体内容作自动分类、标签化和情感分析等处理，基于 ML 和深度学习的情感分类模型，可以平衡用户情感偏好和内容的实用性或新颖性等，实时捕捉和响应用户情感状态的动态变化特性，提供更加丰富和个性化的内容推荐服务，增强社交媒体平台的吸引力和用户黏性[23]。此外，ML 还可以应用于新媒体平台的运营和管理方面，如自动化内容审核、智能客服等，提高了新媒体平台的运营效率和服务质量[23]。

在新媒体技术领域，AI 和 ML 的作用日益凸显，成为推动行业发展的关键力量。它们不仅提高了新媒体的智能化水平和个性化服务能力，也推动了新媒体行业的创新和发展。未来，随着技术的不断进步和应用场景的不断拓展，AI 与 ML 将在新媒体领域发挥更大的作用。

在新媒体领域，AI 和 ML 的应用已经非常广泛，其中一个引人注目的案例是新华社推出的"快笔小新"机器人。

2015 年 11 月 7 日，正值新华社成立 84 周年之际，编辑记者团队迎来了一位特殊的新成员——名为"快笔小新"的机器人记者。

"快笔小新"是新华社自主研发的 AI 写作机器人，它利用 ML 技术，自动撰写新闻稿件。这个系统的设计初衷是为了提高新闻报道的效率，尤其是在处理大量数据密集型新闻方面，如体育赛事报道、财经新闻等。

这个系统能够在短时间内完成对体育比赛结果的报道，甚至在比赛结束的几秒钟内就能发布新闻，这在传统新闻报道中是难以想象的。它的出现，不仅提高了新闻报道的速度，也减轻了记者和编辑的工作负担，使他们能够专注于更有深度的报道和分析。

"快笔小新"的运作机制依托于大数据分析和模式识别技术。它首先从各种数据源中收集信息，然后通过算法分析这些信息，识别出新闻事件的关键要素，如比赛结果、运动员表现等。接着，机器人会根据这些要素和预设的新闻模板，自动生成新闻稿件。这个过程涉及复杂的语言模型和文本生成技术，确保生成的新闻既准确又符合新闻写作的规范。

除了撰写新闻稿件外，"快笔小新"还能够进行数据新闻的制作。它能够将大量的统计数据转化为易于理解的图表和可视化的内容，帮助读者更好地理解复杂的数据信息。这种能力在财经报道、政策解读等领域具有重要价值。

然而，"快笔小新"的应用也引发了一些讨论。一方面，它提高了新闻生产的效率；另一方面，也有人担心它可能会取代人类记者，影响新闻的深度和质量。此外，机器人写作的准确性和客观性也受到关注，尤其是在处理敏感或复杂话题时。

尽管引发了一些争议，"快笔小新"仍被视为新媒体技术进步的一个标志性成就。它展示了 AI 在新闻生产中的潜力，也预示着未来媒体行业可能会发生更深刻的变革。随着技术的不断进步，我们可以预见，AI 将在新媒体领域扮演越来越重要的角色，不仅仅在内容生产方面，在内容分发、用户互动和数据分析等方面也将发挥更大的作用。

5.2.2 虚拟现实与增强现实

在当今科技迅猛发展的背景下，虚拟现实和增强现实作为两种前沿的技术，已经在多个领域展现出独特的价值和潜力。

1. 虚拟现实

VR 技术利用头戴显示器或其他相关设备，使用户得以完全沉浸在计算机生成的三维虚拟世界中。在这个环境中，用户可以体验到全方位、360°的虚拟世界，这种体验通常是与现实世界相隔离的，用户通过 VR 设备与虚拟环境互动。

在新媒体领域，VR 技术的应用包括以下几个方面：

（1）新闻报道。媒体机构使用 VR 技术制作沉浸式新闻报道，让观众仿佛亲临现场。

（2）教育和培训。通过 VR 技术，可以模拟真实世界难以复制的场景，如医学手术模拟、飞行训练等，提供实践操作的体验。

（3）娱乐和游戏。VR 游戏和 VR 电影提供了前所未有的沉浸式娱乐体验，用户可以在虚拟的世界中自由探索和互动。

（4）社交互动。VR 社交平台，如 Facebook 的"Facebook Space"，允许用户以虚拟化身的形式进行社交活动。

在新媒体领域，VR 技术的应用案例之一是纽约时报推出的"NYT

VR"App，它展示了 VR 技术如何改变新闻报道的方式，为用户提供了一种全新的沉浸式体验。

2015 年，纽约时报推出了"NYT VR"App，这是其在 VR 领域的一次大胆尝试。这个 App 旨在通过 360° 全景视频，让用户能够身临其境地体验新闻事件，提供一种与传统文字、图片和视频报道截然不同的新闻消费方式。

"NYT VR"App 的开发涵盖了广泛的技术领域。首先，新闻团队需要使用特殊的 360° 摄像机拍摄新闻现场，这些摄像机能够捕捉到全方位的图像和声音。其次，这些素材被传输到编辑部门，编辑人员通过专门的软件进行剪辑和后期处理，以确保视频内容的质量和用户体验。最后，这些经过处理的 VR 内容被上传到"NYT VR"App 中，供用户通过智能手机和VR 头盔观看。

用户通过"NYT VR"App 观看新闻时，可以自由地在虚拟环境中转动头部，观察新闻现场的每一个角落。这种沉浸式的体验让用户感觉自己仿佛真的在现场，能够从多个角度和维度了解新闻事件。例如，在报道叙利亚难民危机时，用户可以通过 VR 视频感受到难民营的拥挤和混乱，以及难民们面临的困境，这种体验远比传统的报道方式更为直观和震撼。

"NYT VR"App 的推出，不仅提升了纽约时报的品牌形象，也推动了新闻行业对 VR 技术的探索和应用。这种创新的报道手法吸引了公众的广泛关注，并显著提升了新闻传播的影响力。同时，它也引发了关于新闻伦理和技术真实性的讨论，例如，如何在保持新闻真实性的同时利用 VR 技术提供更加生动的报道。

纽约时报推出的"NYT VR"App 是 VR 技术在新媒体领域运用的一个典范案例，它展示了 VR 技术在新闻报道中的潜力，为用户提供了一种全新的信息获取方式。然而，这种技术的应用也面临着成本、技术成熟度和用户接受度等挑战。随着技术的不断进步和成本的降低，预计未来 VR 技术将在新媒体领域扮演更加重要的角色。

2. 增强现实

AR 技术通过在现实世界的场景中叠加计算机生成的图像、视频和声音等虚拟元素,从而丰富并增强用户对现实环境的感知。这种技术通常可以通过智能手机、平板电脑或专门的 AR 眼镜来体验。

在新媒体领域,AR 技术的应用包括以下几个方面:

(1)新闻报道。AR 技术可以为新闻报道增添互动元素,如时代周刊的"TIME Immersive"App,通过 AR 技术重现历史事件。

(2)广告和营销。品牌可以利用 AR 技术创建互动广告,吸引消费者参与,提供更加生动的产品展示。

(3)教育。AR 技术可以用于创建互动教科书,学生可以通过手机或平板电脑观看三维模型和动画,增强学习体验。

(4)导航和地图。AR 技术与地图导航的融合能够为用户提供实时的、视觉化的导航指引。

宜家家居作为全球知名的家具和家居用品零售商,一直致力于为消费者提供优质、实惠、时尚的家居产品[24]。在选购家具的过程中,消费者常常会遇到尺寸适配、风格搭配以及空间布局等方面的挑战,为了解决这些问题,宜家家居推出了 AR 应用——宜家家居 AR 家具摆放指南(IKEA Place)。

这款 AR 应用允许用户通过手机或平板电脑的摄像头,在自家的房间中虚拟摆放宜家的家具产品。用户只需打开应用,选择心仪的家具,然后将其拖拽到屏幕中的合适位置,即可实时预览家具在房间中的摆放效果。同时,该应用还提供了真实的尺寸比例和光影效果,让用户能够更加准确地判断家具与房间的契合度。

宜家家居的 AR 应用不仅为消费者带来了全新的购物体验,还极大地提升了购买决策的准确性。利用 AR 技术,消费者能够在购买前对家具进行虚拟摆放,有效地规避了尺寸不匹配或搭配不协调所导致的退换货问题。同时,这款应用还激发了消费者的购买欲望,让他们能够更加直观地感受到宜家家具的魅力和实用性。

除了购物体验外,宜家家居的 AR 应用还在社交媒体上引起了广泛的关注和讨论。许多用户纷纷在社交媒体上分享自己通过 AR 应用摆放家具的照片和视频,展示自己的家居设计才华和创意,不仅提高了宜家家居的品牌曝光度,还进一步增强了消费者与品牌之间的情感联系。

宜家家居推出的 AR 应用是 AR 技术在新媒体领域的一次杰出实践。它通过创新的交互方式和沉浸式的体验，解决了消费者在购买家具时面临的难题，提升了购物体验的准确性和便捷性。同时，这款应用还借助社交媒体的力量，实现了品牌与用户之间的深度互动和传播。未来，随着 AR 技术的不断发展和完善，我们有理由相信宜家家居等家居品牌将能够为消费者提供更加个性化、智能化的家居购物体验。

5.3　新兴技术的研究与评估

5.3.1　虚拟现实技术

1. 技术原理

VR 技术通过计算机创造出一个三维的虚拟环境，让用户感觉自己身处其中并与之互动。这一技术主要依托于高性能计算机、头戴显示器以及位置跟踪设备等硬件设施。

2. 应用案例

VR 技术已在多个行业中得到应用。例如：在游戏行业，VR 游戏带给玩家深度沉浸式的体验；在教育领域，可以运用 VR 技术模拟实验环境，帮助学生更好地理解科学原理。

3. 市场前景

随着 VR 硬件性能的提升和成本的降低，预计 VR 技术将得到更广泛的应用。同时，随着 5G 等网络技术的发展，VR 内容的传输和共享将变得更加便捷，将进一步推动 VR 市场的发展。

4. 优缺点评估

VR 技术提供了一种沉浸式的体验，仿佛将用户带入另一个世界。然而，高昂的设备成本是其普及的限制性因素，且长时间使用可能会引起视觉疲劳或晕动病等。

5. 改进建议

应致力于降低 VR 硬件成本，以提高其市场普及率；同时，开发更轻便、舒适的 VR 设备，以减轻用户的使用负担。

5.3.2 增强现实技术

1. 技术原理

AR 技术通过将计算机生成的图像、声音、文本等多媒体元素叠加至现实环境,从而增强用户对周遭世界的感知。这一技术依赖于显示设备(例如 AR 眼镜、智能手机屏幕)、定位技术[例如即时定位与地图构建(Simultaneous Localization and Mapping,SLAM)算法]以及交互技术(例如手势识别、语音命令等)来实现。

2. 应用案例

AR 技术已在游戏、教育、医疗、零售等多个行业中得到应用。例如:在教育领域,可以运用 AR 技术创建虚拟教室,学生如身处其中一样去学习;在零售业,AR 试妆和试衣功能则极大地丰富了消费者的购物体验。

3. 市场前景

随着 5G、AI 等技术的不断发展,AR 技术的应用场景将更加丰富,市场规模有望持续增长。然而,在 AR 硬件设备的普及率、用户体验以及内容生态等方面仍需进一步作相关研究。

4. 优缺点评估

一方面,AR 技术能够为用户提供与现实世界的交互体验,具有广泛的应用前景。另一方面,AR 硬件设备普及率不足,用户体验有待提升;高质量的 AR 内容相对缺乏,内容生态尚待丰富。

5. 改进建议

应推动 AR 硬件设备的研发与普及,降低用户门槛;加强 AR 内容生态系统的建设,激励创作者创作出更多高质量的 AR 内容。

5.3.3 人工智能技术

1. 技术原理

AI 技术通过 ML、深度学习等方法模拟人类智能,实现语音识别、图像识别、NLP 等功能。在新媒体领域,AI 技术可以用于内容推荐、智能客服、虚拟主播等方面。

2. 应用案例

许多新闻媒体已经采用 AI 技术进行内容推荐，根据用户的兴趣和阅读习惯推送个性化新闻；同时，智能客服和虚拟主播也在电子商务、新闻播报等多个领域得到了有效运用。

3. 市场前景

随着 AI 技术的持续进步和应用范围的不断扩大，预计其在新媒体行业中的应用前景将更加广阔。未来，AI 技术有望进一步提高新媒体内容的个性化、智能化水平。

4. 优缺点评估

AI 技术能够提高新媒体内容的个性化、智能化水平，提升用户体验。然而，它也带来了数据隐私和安全方面的挑战，过分依赖 AI 技术还可能导致内容缺乏多样性和创新性。

5. 改进建议

应加强对数据隐私和安全性的保护；在使用 AI 进行内容推荐时，应重视内容的多元性和质量，避免过度同质化。

5.3.4　区块链技术

1. 技术原理

区块链是一种去中心化、分布式的账本技术，它通过加密算法保证数据传输和访问的安全，并利用去中心化网络和共识机制确保信息的不可篡改性和可信度。

2. 应用案例

在新媒体领域，区块链技术可用于保护数字版权、激励内容创作者、减少广告欺诈等方面。例如：利用区块链技术可以追踪数字内容的传播路径，确保创作者得到合理的版权费；智能合约的应用能提高广告费用分配的透明度，有效减少欺诈行为。

3. 市场前景

随着数字经济的持续扩张，区块链在新媒体领域的应用前景尤为广阔，预计未来将有更多的新媒体平台采用区块链技术来优化内容生产、分发和变现流程。

4. 优缺点评估

区块链技术以其去中心化特性、高安全性和数据不可窜改性而受到青睐。同时，它也存在可扩展性差、交易速度慢、能耗高等问题。

5. 改进建议

针对区块链技术的缺点，可以考虑采用分层架构、侧链技术、优化共识算法等方法来提高其可扩展性和交易速度；同时，寻求更加环保的"挖矿"方法，以降低能源消耗。

5.3.5 5G 技术

1. 技术原理

5G 技术是一种具有高速率、低时延和大连接特点的新一代宽带移动通信技术，通过采用高效的编码策略和多输入多输出（Multipe-Input Multipe-Output，MIMO）天线技术，5G 技术显著提高了无线频谱的使用效率和网络的整体承载能力。

2. 应用案例

在新媒体领域，5G 技术为高清视频直播、VR、AR 等应用提供了强大的网络支持。例如，5G 技术的应用使得高清且无延迟的体育赛事实时直播成为可能，并为 VR 游戏玩家带来无缝流畅的在线体验。

3. 市场前景

随着 5G 网络的不断普及和应用场景的不断拓展，预计 5G 技术在新媒体领域将迎来更多的创新机会和商业模式变革。

4. 优缺点评估

5G 技术能够显著提升用户体验和数据处理能力，但同时它也存在建设成本高、覆盖范围有限等问题。

5. 改进建议

针对 5G 技术的缺点，可以通过政府政策扶持、共建共享基础设施等方式降低建设成本；积极扩展 5G 网络的覆盖面积，并加速其普及进程；同时，强化网络安全措施和用户隐私的保护工作。

5.3.6　扩展现实技术

1. 技术原理

扩展现实（Extended Reality，XR）技术是 VR、AR 和混合现实（Mixed Reality，MR）等技术的统称，旨在通过各种方式增强、扩展或替换用户的现实感知。

2. 应用案例

XR 技术涵盖了上述 VR 和 AR 技术的所有应用场景，并强调多技术融合以提供全方位的体验。

3. 市场前景

XR 技术被认为是未来计算平台的重要方向，市场潜力巨大。

4. 优缺点评估

XR 技术提供了极为灵活和多元的体验方式，但是技术成熟度存在差异，相关的标准制定和生态系统构建仍在进行中。

5. 改进建议

促进技术标准化，加强跨平台和跨设备兼容性，推动内容创新和开发者生态的建设。

5.4　技术思维应用实践案例

新媒体技术思维在当代媒体实践中的应用日益广泛，其中一个典型案例是新华社发布的"媒体大脑"和"AI 合成主播"。

"媒体大脑"是新华智云自主研发的国内首个媒体人工智能平台。它融合了云计算、物联网、大数据和 AI 等尖端技术，为新闻制作提供了一站式解决方案，覆盖从线索发掘、素材搜集到内容创作、分发以及受众反馈的全过程。该平台以"大数据＋智能算法"为核心，将新闻生产流程标准化，利用智能算法优化内容生产，极大地提高了新闻制作的效率。例如，在 2018 年全国两会报道中，它能够快速筛选出热点话题，并自动生成视频新闻，显著提升了报道的时效性和准确性。

"AI 合成主播"是人工智能在新闻领域的另一项创新。该技术基于"自然交互＋知识计算"原理，捕捉真人主播的声音，面部表情和口型等特征，再利用 AI 技术创造出高度逼真的虚拟主播。这一技术的应用不仅提升了新闻播报的效率、降低了成本，还为观众带来了全新的新闻体验。如"AI 合成主播""新小浩"和"新小萌"，能够实现 24 小时不间断地播报新闻，还参与了春运、春节、两会等重大事件的报道，播报新闻超过 13000 条。

这两个案例体现了新媒体技术是如何推动传统媒体的转型与升级的。新华社通过技术创新，不仅提高了新闻生产效率，还拓展了新闻传播的途径和形式，增强了主流媒体的传播力。同时，这也为其他媒体机构提供了可借鉴的模式，展示了新媒体技术在促进媒体融合发展中的关键作用[25]。

新华社在"媒体大脑"和"AI 合成主播"的基础上，持续探索新的媒体融合策略。例如，新华网媒体创意工场的创建，增强了新华社的创意策划和内容制作能力，推动了新闻业态的创建。通过"现场云"等技术，新华社实现了新闻报道的实时互动和深度参与，进一步提升了用户体验和媒体的互动性。

总的来说，"媒体大脑"和"AI 合成主播"是新华社在新媒体技术应用方面的杰出代表，它们不仅革新了新闻的生产和传播模式，也为媒体行业的未来发展指明了新的方向。随着技术的持续进步，新媒体技术将在媒体融合和创新发展中扮演更加重要的角色。

第 6 章　创新思维

6.1　创新思维的概念

在新媒体环境下，创新思维是指运用创新的思考方式和方法，对传统媒体的内容、形式、传播渠道等进行革新和优化，以适应数字化、网络化、智能化的发展趋势。这一概念涵盖了对超媒体、AI、电子媒介、地球村、赛博空间、人机交互、互联网等新媒介的理解与应用，强调在社会科学进步的同时，更要体现人类的创造性思维。

新媒体环境下，创新思维的核心在于对传统媒体运作模式的颠覆，通过技术应用与创新，实现媒体内容的多形态融合和传播方式的多样化。这不仅要求媒体从业者具备跨领域的知识和技能，还需要他们拥有敏锐的市场洞察力和创新能力，能够在不断变化的媒体环境中寻找新的发展方向和商业模式。

在新媒体时代，内容创新是媒体发展的关键。媒体内容创新的目标是传播效能最大化，通过对时度效的精准把握，实现有效传播和有益传播。有效传播是抵达用户，有益传播是影响用户。在追求传播效能最大化的过程中[26]，媒体需要处理好流量与底线的关系，确保在追求流量的同时，不牺牲内容质量和社会责任。

此外，创新思维还涉及理念创新，即保持思想的敏锐性和开放度，打破传统思维定式，创造出新的思想理念。在新媒体环境下，这要求媒体从业者不仅要在技术层面进行创新，还要在理念和价值观层面进行更新，以适应全媒体时代的要求。

在实践中，创新思维的运用需要媒体从业者不断学习和适应新的技术、平台和用户需求，同时也需要媒体机构在组织结构、管理机制、人才培养等方面进行相应的改革和创新，以构建适应新媒体发展的运营体系和内容生产机制。

综上所述，新媒体环境下的创新思维是一个多维度、跨领域的概念，它要求媒体从业者和机构在技术、内容、理念等多个层面进行创新和改革，以适应新媒体时代的发展需求，实现媒体的可持续发展和社会价值的最大化。

6.2 创新思维的重要性

新媒体的发展为信息传播带来了革命性的变化，创新思维在新媒体领域的重要性不言而喻。

6.2.1 促进信息传播方式的革新

创新思维作为推动信息传播方式革新的重要力量，其影响是全面而深远的。在这一思维模式的引领下，传统媒体机构开始转型，积极拥抱数字化、网络化和智能化的技术浪潮，从而彻底改变了信息的生产、分发和消费过程。

（1）新媒体环境下的创新思维促使信息传播从单一的线性模式转变为多维度、互动性强的网络模式。在这个过程中，信息不再只是单向传递，而是在用户之间形成了复杂的互动网络。用户不仅是信息的接收者，还是信息的创作者和传播者，这种参与度的提升极大地丰富了信息的内容和形式。

（2）新媒体环境下的创新思维强调技术的运用，使得信息传播的形式更加多样化。音频、视频、直播等更加直观和生动的形式对传统的文字和图片形式进行了补充，VR 和 AR 技术也被应用于信息传播，为用户提供了沉浸式的体验。这些新型的传播形式不仅提高了信息的吸引力，也使得复杂和抽象的信息更容易被理解和接受。

（3）新媒体环境下的创新思维关注对用户体验的优化。通过个性化推荐算法和用户界面及用户体验设计的不断改进，新媒体平台能够更好地满足用户的个性化需求[27]，提供定制化的信息流。这种以用户为中心的设计理念，不仅提升了用户的满意度，也增强了用户黏性。

（4）新媒体环境下的创新思维推动了跨界合作的兴起。媒体机构与其他行业的结合，如教育、娱乐、电子商务等，不仅为用户提供了更加丰富的服务内容，也为媒体机构带来了新的商业模式和收入来源[28]。这种跨界合作不仅拓宽了信息传播的领域，也为社会经济的发展注入了新的活力。

（5）新媒体环境下的创新思维拓展了全球化的视野。借助互联网，信息传播不再受到地域的限制，全球用户都可以实时获取和分享信息。这种全球化的信息传播不仅促进了跨文化的交流，也使得信息的影响得以扩散到全球范围。

综上所述，创新思维通过丰富传播形式、推动技术应用、优化用户体验、促进跨界合作以及拓展全球视野，全面革新了信息传播方式，使其更加高效、多元且具有互动性。这种革新不仅改变了人们获取和消费信息的方式，也对社会的各个方面产生了深远的影响。

6.2.2　增强媒体内容的吸引力和影响力

随着技术的进步和用户需求的变化，传统的信息传播方式已经无法满足现代社会的多样化需求，新媒体创新思维通过引入互动性、个性化和多样化的元素，使得媒体内容更加生动、有趣和贴近用户，从而提高了内容的吸引力。

（1）在新媒体环境下，内容创作者可以利用丰富的多媒体工具和平台，如视频、音频、动画、互动图表等，将信息以更加直观和感性的方式呈现给用户。这种多元化的内容表现形式不仅能够更好地吸引用户的注意力，还能够提高信息的传播效率和记忆度。

（2）创新思维强调个性化和定制化的内容生产。通过大数据分析、AI推荐等，媒体可以更准确地了解用户的喜好和需求，从而提供更加符合用户兴趣的内容。这种个性化的内容不仅能够提高用户的满意度，还能够提升用户的忠诚度和参与度。

（3）互动性也是创新思维增强媒体内容吸引力和影响力的关键因素。新媒体平台提供了丰富的互动功能，如评论、点赞、分享、投票等，让用户可以参与到内容的讨论和创作中来。这种参与感不仅能够激发用户的创造力和热情，还能够促进信息的二次传播和口碑效应的提升。

（4）创新思维注重内容的社会价值和文化意义。通过挖掘和传播有深度、有价值的内容，新媒体不仅能够吸引知识型和思考型的用户，还能够引导社会舆论和文化潮流。这种有内涵的内容对于塑造媒体品牌形象、提升媒体的社会影响力具有重要作用。

（5）创新思维鼓励跨界融合和创新合作。媒体机构与其他行业的结合，例如，与教育机构合作推出在线课程，与娱乐产业合作制作网络剧等，不仅能够拓展内容的领域和形式，还能够吸引不同领域的用户，提高媒体内容的综合影响力。

创新思维通过多元化的内容表现形式、个性化的定制服务、互动性强的平台功能、有深度的文化内涵以及跨界融合的创新实践，极大地增强了媒体内容的吸引力和影响力。不仅改变了媒体内容的生产和消费方式，也对社会信息传播的格局产生了深远的影响。随着科技的快速发展，新媒体的形式和功能也在不断演进。创新思维能够帮助媒体从业者把握技术发展趋势，及时调整和优化内容生产与传播策略，从而更好地迎接技术变革带来的机遇与挑战。

6.2.3 推动商业模式的创新

随着互联网技术和移动通信技术的飞速发展，新媒体平台已经成为信息传播和商业活动的重要场所。在这样的背景下，创新思维促使企业重新审视和设计商业模式，以适应数字化时代的需求。

创新思维鼓励企业利用新媒体平台的广泛覆盖和深度互动特性，开发新的收入来源和增长点。这包括但不限于内容付费、广告变现、社交电商、数据服务等多种商业模式。通过这些模式，企业能够更有效地触达目标用户，提供个性化的服务和产品，从而提高用户满意度和忠诚度，增加企业的市场份额。

创新思维强调数据的重要性。通过收集和分析用户数据，企业能够更准确地了解市场趋势和用户需求，优化产品开发和营销策略。这种数据驱动的决策模式，不仅能够提高企业的运营效率，还能够降低商业风险。

字节跳动是一家以算法推荐为核心技术的新媒体公司，其通过旗下的多个平台，如抖音和今日头条等，为用户提供个性化的内容推荐服务。这些平台不仅吸引了大量用户，还为企业提供了基于数据的广告投放服务，实现了商业价值的最大化。字节跳动的商业模式创新在于其强大的内容生态系统和精准的广告匹配技术，这使得它能够在全球范围内快速发展，并成为新媒体领域的领军企业。通过不断创新和优化其商业模式，字节跳动不仅为用户提供了高质量的内容体验，也为广告商提供了高效的营销解决方案，实现了平台、用户和商业伙伴的多方共赢。

6.2.4 提升用户体验

在新媒体时代，用户体验已经成为衡量一个平台或服务成功与否的关键指标。创新思维推动着媒体和企业不断探索和实践，以更加人性化、便捷和个性化的方式满足用户的需求。

新媒体平台通过深入了解用户行为和偏好，利用大数据、AI 等技术，为用户提供定制化的内容和服务。这种个性化体验让用户感受到了专属的关注，从而增强了用户的满意度和忠诚度。同时，创新思维还注重界面设计和交互体验的优化，通过直观、易用的用户界面和流畅、自然的交互流程，降低了用户的使用门槛，提高了用户的参与度。

此外，创新思维还强调社交互动的重要性。通过构建社区和鼓励用户生成内容，新媒体平台不仅提升了内容的多样性和丰富性，还为用户提供了一个表达自己、分享经验和观点的空间。这种社交元素的融入，使得用户体验更加立体和多元，也增强了用户的归属感和与其他用户之间的联系。

例如，网易云音乐作为一款音乐流媒体服务产品，不仅提供了资源丰富的音乐库和高质量的音频体验，还通过社交功能的创新，极大地提升了用户体验。用户可以在歌曲下方发表评论，分享自己的故事和感受，而这些评论又成为其他用户发现新歌和交流情感的重要渠道。网易云音乐还定期举办线上音乐节和线下音乐会，让用户在享受音乐的同时，也能参与到一个充满活力的音乐社区中。通过这些创新的社交元素，网易云音乐不仅吸引了大量用户，也形成了强大的用户黏性，成为音乐新媒体领域的一个突出代表。

6.2.5 加强文化传承与创新

随着新媒体技术的不断发展，传统文化得以以全新的形式和渠道呈现在公众面前，从而实现了文化的广泛传播和有效保护。

1. 文化传承与创新的桥梁

新媒体作为传统文化与现代科技的结合体，能够有效地将传统文化的精髓与现代传播手段相结合，推动传统文化的创造性转化和创新性发展。新媒体平台将传统文化以更加生动、直观的形式呈现给公众，增强了文化的吸引力和影响力。

《如果国宝会说话》是一个通过新媒体平台传播的纪录片，它选取了100 件有代表性的文物，用视频的形式讲述了从新石器时代到宋元明清的中华文明历史。这种形式不仅吸引了大量观众，而且通过新媒体的便捷化传送和可视化呈现，使得文化记忆得以立体建构，增强了人们对中华文化的认同感和归属感。

2. 增强文化自信与认同感

新媒体以其数据化存储、可视化呈现以及便捷化传送等多元方式，全方位地建构起文化记忆，进而在时间与空间两个维度上推动传统文化的传承。不仅引导大众回望历史深处，探寻民族文化的深厚源流，从而坚定文化自信，而且通过覆盖更广泛领域的传播，加深了人们对文化的认同感与归属感。新媒体的力量，正悄然在增强文化自信与认同感方面发挥着举足轻重的作用，使得传统文化在新时代焕发出更加璀璨的光彩。

3. 促进文化交流与互鉴

新媒体以其独特的优势，打破了地域和语言的界限，为不同文化之间的交流与融合搭建了广阔的舞台。它让文化不再孤立地存在，而是可以在全球范围内自由流动、相互碰撞与融合，从而促进了文化的多元化发展。通过新媒体，我们可以轻松打破地域的限制，领略到世界各地的文化风情，感受不同文化的独特魅力。同时，新媒体也为我们提供了学习不同语言的机会，让我们能够更好地理解和欣赏不同文化的精髓。这种交流与融合，不仅开阔了我们的视野，也丰富了我们的文化内涵，使我们能够更好地理解和尊重不同文化之间的差异。通过新媒体平台，人们可以更容易地接触到其他文化，增进相互之间的了解，激发创新灵感，共同创造属于我们这个时代的新文化。

4. 提升文化的社会功能

新媒体赋予了传统文化新的生命力，使其不再局限于纸面，而成为生动活泼、充满活力的文化生命。通过新媒体的呈现，传统文化得以以更加立体、生动的形式展现在大众面前，让人们能够更加直观、深刻地感受到其魅力和内涵。这种"活"起来、"动"起来的传统文化，不仅让人们更容易接受和喜爱，也为其在现代社会中的传承和发展注入了新的活力和动力。通过新媒体的介入，传统文化得以更好地融入现代社会，发挥其引导社会发展、提供精神滋养的作用。

5. 推动文化产业的发展

新媒体以其独特的优势为文化产业的发展注入了新的活力，不仅催生了全新的商业模式，还开辟了多元化的营销渠道。借助新媒体平台，文化产业能够更精准地触达目标受众，实现高效的市场推广和品牌建设。同时，新媒体的互动性、创新性等特点也为文化产业带来了更多的创新可能，推动了产业升级和转型。新媒体无疑已成为文化产业发展的重要引擎，为产业的繁荣与进步提供了有力支撑。通过新媒体平台，文化产品可以更快速地实现推广和销售，如电子书、在线音乐、网络电影等。这种多元化的发展趋势，不仅提升了文化产业的综合竞争力，也为社会经济的繁荣与发展贡献了新的力量。

6. 丰富文化的表达形式

新媒体技术，如 VR、AR 以及 AI 等前沿技术，为文化创新开辟了新的可能性，引领我们步入一个充满无限想象与创意的新纪元。这些技术可以创造出全新的文化体验，如 VR 下的文化展览、AR 下的历史场景重现等，使得传统文化以更加生动和现代化的形式呈现在公众面前。

通过新媒体的直播服务，北京故宫博物院等文化机构能够将传统文化的魅力传播给更广泛的受众。例如，"环球云赏北京中轴之美"这场精心策划的文化盛宴成功吸引了全球 2.5 亿网民的目光，他们共同在线欣赏了北京中轴线的壮丽美景。这种线上互动还能够转换为线下活动[29-30]，如"非遗＋旅游"等，从而使得传统文化深入人心。

7. 提升文化教育的效果

新媒体在文化教育领域扮演着举足轻重的角色，其影响力日益凸显。通过新媒体平台，可以更加便捷地传播教育资源，如在线课程、文化讲座等，使得文化教育不再受地域和时间的限制。此外，新媒体的互动性和参与性也使得文化教育更加生动有趣，提高了教育的效果。

8. 构建集体记忆与社会认同

新媒体凭借其强大的传播能力和互动性，在建构集体记忆、增强社会认同感和归属感方面发挥着举足轻重的作用。它以独特的方式，将人们共同的文化记忆进行提炼、呈现和传播，让集体记忆得以传承和延续。同时，新媒体的互动性也为人们提供了交流、分享和互动的平台，进一步增强了社会的凝聚力和向心力。通过新媒体平台，人们可以共同参与到文化活动中，如在线观看文化节目、参与文化话题讨论等，这些活动有助于增强人们对文化的认同感和归属感[31]。

6.3 创新思维的技巧与方法

创新思维的技巧与方法要求我们不断探索和尝试新的策略，以适应快速变化的数字环境。

1. 用户洞察与数据驱动决策

深入理解用户的需求和行为是新媒体创新的基础。应通过用户调研、行为分析和市场研究来获取用户洞察，然后利用数据分析工具来驱动决策。例如，Netflix 通过分析用户的观看数据，发现用户对特定类型的剧集有偏好，从而推出了个性化的推荐系统。此外，Netflix 还根据用户数据制作了热门剧集《纸牌屋》，该剧的成功证明了数据驱动决策的重要性。

2. 内容创新与多样化表达

内容创新不仅是创作新颖的内容，还要结合用户需求、社会热点、技术发展等因素，进行有针对性的内容创作和传播。多样化的表达方式可以吸引更广泛的受众。BuzzFeed 通过具有创新性的内容形式，如列表文章、测验和 GIF，迅速吸引了大量年轻用户。它的成功在于能够迅速抓住流行趋势，并以轻松幽默的方式呈现内容。

3. 技术应用与沉浸式体验

利用最新的技术，如 AI、大数据、VR、AR 等，可以为用户提供更加具有沉浸式和互动性的体验。这些技术的应用可以极大地提升内容的吸引力和用户的参与度。例如，纽约时报推出的"逃离叙利亚"VR 项目，让用户通过 VR 技术亲身体验叙利亚难民的逃亡过程。这种沉浸式的体验极大地提升了新闻报道的影响力。

4. 平台融合与跨渠道传播

整合不同的新媒体平台和渠道，形成跨界融合的传播策略，以提升影响力和扩大覆盖面。这要求内容创作者在不同平台上提供主题一致但有差异化体验的内容。例如，国家地理通过在社交媒体、电视、网站等多个平台发布高质量的自然和野生动物内容，成功构建了一个强大的品牌生态系统，引起了全球范围内的关注。

5. 社交互动与社区建设

鼓励用户在平台上互动，建立社区和讨论组，可以提高用户的参与度和忠诚度。社交互动和社区建设可以帮助品牌更好地了解用户，并与用户建立更紧密的联系。Reddit 以其强大的社区互动而闻名，用户可以在各种主题的 subreddits 上发帖、评论和讨论。Reddit 的社区驱动模式使其成了一个活跃的讨论和信息共享平台。

6. 敏捷开发与快速迭代

敏捷开发是一种快速响应变化的软件开发方法，它强调团队协作、客户反馈和频繁交付[32]。快速迭代允许产品根据用户反馈进行持续改进。Slack 在开发过程中采用了敏捷方法，快速推出了具有基本功能的 MVP（最小可行产品），然后根据用户反馈不断优化和添加新功能，最终成为市场上最受欢迎的团队协作工具之一。

7. 商业模式创新与价值创造

探索新的商业模式，如订阅服务、内容赞助、品牌合作等，可以帮助新媒体组织在竞争激烈的市场中发现新的收入增长点。Spotify 通过提供免费和付费订阅服务，结合个性化推荐和独家内容，成功转型为音乐流媒体平台。它的商业模式创新不仅为用户提供了价值，也为艺术家和版权所有者创造了收入。

8. 跨界合作与资源整合

与其他行业和领域进行合作，可以实现资源共享和互补，创造出新的市场机会和增长点。GoPro 与极限运动品牌合作，共同推广运动摄影，提高了其产品的市场影响力。GoPro 还通过鼓励用户分享使用 GoPro 拍摄的内容，建立了一个庞大的内容社区，提升了品牌的社交影响力。

通过这些技巧与方法的运用，新媒体从业者可以更好地适应和引领市场趋势，创作和开发出有影响力的内容和产品。

第 7 章　迭代思维

7.1　迭代思维的概念与原则

7.1.1　迭代思维的概念

迭代，是通过反复应用某一过程，逐步趋近于目标结果或解决方案的动态过程，体现了持续改进与优化的精神。迭代思维是一种在新媒体领域中广泛应用的思维方式，它在新媒体领域的重要性不言而喻，不仅是推动媒体发展的关键动力，还是适应快速变化的技术环境和用户需求的必然选择。由于新媒体具有信息传播迅速、互动性强、用户需求和行为易变等特点，通过迭代思维形成的快速、连续的微创新，可以推动产品更新换代，以适应市场的不断变化。这种思维方式摒弃了旧有的思维模式，转而采用更直接、高效、符合现实需求和生产力的新模式。在新媒体环境下，迭代思维是指以用户需求为核心，不断利用最新技术，对媒体内容、形式、传播渠道和商业模式进行创新和优化的思维模式。

抖音上的"毛毛姐"（余某某）因其独特的内容创作和直播带货方式以及与保洁阿姨的互动，成功吸引了大量观众的关注，并实现了商品销售的显著增长。

"毛毛姐"在直播中展现出真诚和搞笑的一面，这种独特的风格吸引了观众。例如，"毛毛姐"在直播中一人扮演多个角色，手忙脚乱地处理各种直播任务，这种既心酸又好笑的场景让观众感到新鲜和有趣。在一次直播中，因为疫情的缘故，"毛毛姐"邀请了公司的保洁阿姨加入，阿姨的自然和真实反应为直播增添了许多欢乐。"毛毛姐"带货的产品主要以食品和美妆为主，价格区间在 10 ~ 50 元，这种平价策略使得辐射的受众圈层更广泛。飞瓜数据显示，在 2022 年 12 月 17 日这场直播中，"毛毛姐"的直播间观看人次达到了 940.5 万，最高在线人数 12.5 万，商品交易总额为 1000 ~ 2500 万元，达到了其自开播以来的数据新高。数据表明，"毛毛姐"的直播带货效果显著。

"毛毛姐"在直播中不仅提供娱乐内容，还巧妙地将商品介绍融入其中。例如，在搞笑的互动中自然地带出商品的特点和优惠信息，使观众在享受娱乐内容的同时也能了解到商品信息。"毛毛姐"利用"毛毛姐一个人直播辛酸又好笑"等话题热度，吸引了大量观众进入直播间。在话题热度高时推出相关商品，能有效提升商品的曝光率和销售量。"毛毛姐"在内容创作上始终保持创新，不断尝试新的表现形式和互动方式，这种创新精神不仅让直播内容具有新鲜感，也有助于商品销售的持续性。

7.1.2 迭代思维的基本原则

迭代思维的基本原则主要包括用户至上原则、快速试错与反馈原则、持续创新与优化原则、跨界融合与协作原则。

1. 用户至上原则

迭代思维的核心在于始终将用户的需求和体验放在首位。每一次迭代与优化，都应坚守用户至上的原则，从用户的真实需求与体验出发，致力于提升用户的满意度与忠诚度，从而打造更加贴心、优质的服务。这要求企业深入了解用户的行为、偏好和需求，通过数据分析和用户反馈，精准把握市场趋势，从而为用户提供更加精准、有价值的产品和服务[33]。

2. 快速试错与反馈原则

在新媒体领域，市场变化迅速，用户需求多样，这就要求迭代思维高度重视快速试错与获取用户反馈，以不断优化和改进产品与服务，满足用户日益变化的需求。通过快速推出新产品或新功能，收集用户的使用情况和反馈意见，企业可以及时发现问题并进行调整。这种快速响应和持续改进的能力，有助于企业迅速适应市场变化，提升产品和服务的竞争力。

3. 持续创新与优化原则

迭代思维激励企业秉持不懈的创新精神，积极探寻前沿技术、先进理念和创新的商业模式，以推动企业持续发展。同时，企业还需要对现有产品和服务进行持续优化和改进，提升产品的性能和用户体验。这种持续创新与优化[34]，有助于企业在竞争中保持领先地位，实现可持续发展。

4. 跨界融合与协作原则

迭代思维高度强调跨界融合与协作的不可或缺性，认为这是推动行业进步和创新发展的关键所在。通过与其他领域进行合作，企业可以引入新的技术和理念，为产品注入新的活力。同时，企业还需要加强内部协作，形成高效、协同的工作机制，以确保迭代过程的顺利进行。

这些原则共同构成了迭代思维的核心价值观和方法论，为企业在新媒体领域的发展提供了有力的指导。

7.1.3　迭代思维的价值分析

迭代思维在新媒体领域具有极其重要的价值，体现在以下五个方面：

（1）增强竞争力。通过不断迭代和优化，新媒体产品和服务能够保持与市场同步，及时响应用户需求的变化，从而在激烈的市场竞争中脱颖而出。这种持续的改进和创新有助于企业构建独特的竞争优势，吸引和留住用户。

（2）降低风险。快速试错和持续改进的策略有助于企业在产品开发过程中及时发现和解决问题，减少因大规模生产或全面推广不成熟产品而带来的风险。

（3）适应市场变化。新媒体市场变化迅速，迭代思维使企业能够快速适应这些变化，及时调整战略方向。其中，灵活性和适应性是企业在不断变化的市场环境中生存和发展的关键。

（4）促进知识共享和团队协作。企业可以通过积极共享知识与资源，有效促进团队成员之间的协作与知识交流，进而推动企业创新与发展。

（5）适应商业模式的变化。新媒体领域的商业模式在不断演变，迭代思维使得新媒体能够快速适应市场变化，探索和实施新的商业模式，例如基于订阅的服务、内容付费、广告创新等[35]。

7.2 敏捷开发

7.2.1 敏捷开发的定义

敏捷开发是一种以用户需求为核心、注重迭代与循序渐进的软件开发方法。它强调通过实施小项目并不断进行迭代，逐步推进产品的开发进程。敏捷开发不追求完美的初始版本，而是允许存在一定的不足，尽早将产品推向用户，以获取真实的反馈[36]。通过不断试错和持续改进，在持续的迭代过程中逐步完善产品，以满足用户的需求和期望。

例如，阿里巴巴集团是全球知名的电子商务和云计算公司，其在新媒体领域中的敏捷开发实践具有显著的示范效应。为了更好地适应市场环境，阿里巴巴进行了组织架构的调整，形成了"中国数字商业"和"海外数字商业"两大业务板块。这种多元化治理的策略旨在构建更敏捷的组织，以适应不同市场的需求，提升经营效率，并实现可持续发展。

与此同时，迭代思维在敏捷开发中扮演着举足轻重的角色，为产品的持续改进与优化提供了有力支撑。通过不断迭代和试错，敏捷开发能够及时发现并解决潜在问题，提升软件的质量和稳定性。迭代思维还有助于团队更好地理解和把握用户需求，从而开发出更符合市场需求的产品。

Twitter 作为一个全球性的社交媒体平台，面临着用户参与度提升和内容创新的挑战，需要不断更新其功能以保持竞争力。为了实现这一目标，"闪电"项目应运而生，目的是通过实时直播视频，让用户能够更直接地参与到全球事件的讨论中。通过敏捷开发，Twitter 团队能够快速迭代和部署新功能[37]。Twitter 制定了两周一次的迭代周期，每次迭代都会引入新的功能或改进，这种方法使得 Twitter 能够快速响应用户需求和市场变化，持续提升用户体验。

在新媒体领域，敏捷开发与迭代思维结合可共同推进项目。敏捷开发的迭代性质与迭代思维的核心要素相得益彰，二者相互促进，共同推动了产品的持续优化与升级。在敏捷开发过程中，每次迭代都是一个小的周期，通过收集反馈、分析问题和调整方案，逐步优化产品，这种过程本身就是一种对迭代思维的应用。

知乎通过短周期的迭代开发，及时响应用户反馈和行为数据，不断调整和优化产品功能。这种敏捷的迭代过程，使得知乎能够快速适应用户需求的变化，提升用户体验感。

7.2.2　敏捷开发与迭代思维的异同点

敏捷开发与迭代思维的相同点如下：

首先，这两种思维方式都强调快速响应和适应变化。在新媒体环境下，市场变化迅速，用户需求多样，敏捷思维和迭代思维都要求企业或个人能够迅速捕捉到这些变化，并作出相应的调整。无论是敏捷开发强调的灵活应对挑战，还是迭代思维强调的通过不断试错和优化来适应变化，其核心都是对变化的敏感性和快速响应能力。

其次，敏捷开发与迭代思维均将用户需求和体验置于至关重要的地位，致力于为用户提供更加优质、贴合需求的产品与服务。无论是敏捷开发还是迭代思维，都强调从用户的角度出发，深入了解用户需求，并不断优化产品和服务以满足这些需求。这种以用户为中心的理念，无疑是在新媒体时代取得成功的关键所在，它确保了产品与服务能够紧密贴合用户需求，从而赢得市场的青睐。

最后，敏捷开发与迭代思维均对持续创新和优化给予高度重视。在新媒体这一竞争激烈的领域，唯有不断创新和优化，方能脱颖而出，成为市场的佼佼者。敏捷开发和迭代思维都鼓励企业或个人不断探索新的方法、技术和策略，以推动产品和服务的持续改进。

综上所述，敏捷开发与迭代思维在快速响应变化、注重用户需求和体验以及持续创新和优化等方面有明显的相同点。这些相同点使得这两种思维方式在新媒体领域具有重要的应用价值，有助于企业和个人更好地适应市场变化、提升竞争力。

敏捷开发与迭代思维虽然都强调快速响应变化、持续创新和优化，但在实际操作和理念上却存在明显的不同点。

首先，从理念上看，敏捷开发的核心在于灵活应对市场变化，它强调的是快速响应和迭代开发，以快速交付可用的产品特性来满足用户的实际需求；而迭代思维则更侧重于通过循环迭代逐步完善产品，直至达到预设的目标。这意味着敏捷开发更注重快速交付和适应变化，而迭代思维则更注重通过多次迭代达到优化和完善产品的目的。

其次，从开发流程来看，敏捷开发通常采用"敏捷冲刺"的方式进行，每个冲刺阶段都独立完成一部分功能[38]，并强调团队之间的紧密协作和快速反馈。迭代思维将产品开发细化为多个紧密的迭代周期，每个周期均涵盖需求分析、设计构思、实现过程及严格测试等环节。尤为重要的是，在每个迭代周期结束后，都注重收集反馈并进行调整，以便为下一周期的开发提供更为精准的指导，从而推动产品质量的持续提升。

最后，在反馈与调整方式上，敏捷开发强调通过频繁的用户反馈和团队内部的反馈进行产品调整，以实现快速响应变化；而迭代思维则更注重在每个迭代周期结束后，对整体产品进行评估和调整，以便更好地适应用户需求和市场变化。

敏捷开发与迭代思维在理念、开发流程和反馈与调整方式上存在明显的不同，这些不同点使得二者在新媒体领域中具有不同的应用场景和优势，企业可以根据自身需求和目标选择适合的方式进行实践。

7.2.3 案例分析

1. 新媒体敏捷开发的案例

以某知名新闻应用为例，该应用采用敏捷开发的方式，迅速响应新闻热点和社会事件。其团队采用小步快跑、快速迭代的策略，每次更新都围绕用户的核心需求进行，确保快速交付有价值的功能。在某一突发事件发生时，该应用团队迅速调整开发计划，优先开发并上线与事件相关的功能，以满足用户对实时信息的迫切需求。敏捷开发使得该应用能够在激烈的市场竞争中保持领先地位，赢得了大量用户的青睐。

2. 新媒体迭代思维的案例

以某社交应用为例，该应用在发展过程中采用了迭代思维。起初，它只是一个功能相对单一的社交平台，但随着用户数量的增长和市场的变化，该应用不断收集用户反馈，分析市场需求，通过多个迭代周期逐步完善产品。在每个迭代周期中，团队都会对功能进行优化和升级，如增加新的社交功能、优化用户体验、提升安全性等。通过持续的迭代和优化，该应用逐渐从众多竞品中脱颖而出，成为用户喜爱的社交工具。

通过对比这两个案例，我们可以看出敏捷开发与迭代思维在具体实践中的不同点。敏捷开发侧重于快速响应与灵活调整，以适应市场的变化；而迭代思维则聚焦于通过持续的循环迭代，逐步优化产品，以满足用户的长期需求。二者相辅相成，共同推动产品不断进步与发展。

值得注意的是，敏捷开发与迭代思维并非相互排斥，而是可以相互补充、相得益彰的。它们在不同的阶段和场景下各有侧重，共同构成了新媒体时代产品开发的重要方法论。在实际应用中，企业可以根据自身情况和市场需求，灵活运用这两种思维方式，以实现更好的产品开发和市场效果。

7.3　迭代思维的挑战与未来

7.3.1　迭代过程中的挑战

迭代过程中存在众多挑战，主要表现为以下几个方面：

（1）内容质量的挑战。在新媒体平台的激烈竞争中，如何提供高质量、有价值的内容，已然成为我们面临的首要挑战。随着用户需求的不断变化和升级，新媒体平台需要不断创新和改进，以满足用户对于内容的需求和期待。

（2）技术更新的挑战。新媒体的蓬勃发展，离不开技术的持续进步与创新驱动。然而，随着技术的快速发展，新媒体平台需要不断跟进并应用新技术，以适应市场的变化和用户的需求。同时，技术的更新也可能带来一些不确定性，如数据安全、隐私保护等问题。

（3）法规与政策的挑战。新媒体的迅猛发展同样面临着法规与政策的挑战。随着新媒体的广泛普及和深入应用，相关法规与政策也在不断地进行完善与调整，以适应这一领域的快速发展。新媒体平台需要遵守相关法规和政策，同时也需要积极应对可能出现的政策变化和风险。

（4）用户习惯的挑战。用户习惯的变化无疑是新媒体迭代过程中的一大挑战。随着移动互联网的广泛普及，用户获取信息的方式和习惯也在悄然发生转变，新媒体平台必须深入洞察用户需求和行为，以提供更加符合用户习惯的服务和产品，从而在激烈的市场竞争中站稳脚跟[39-41]。

（5）数据安全的挑战。在大数据时代，新媒体平台需应对海量用户数据进行有效的处理与分析，以洞察用户需求、优化服务体验。如何保障用户数据的安全，防止数据泄露和被滥用，是新媒体平台必须面对的重要挑战。

7.3.2 克服困难的策略和措施

迭代过程中遇到的困难是多方面的，涉及技术、内容、受众行为、法律法规等多个层面。要克服这些困难，我们必须采取综合性的策略和措施，以确保新媒体平台的稳健发展。

（1）提升内容质量与创新。深入了解目标受众的需求和兴趣，制作高质量、有针对性的内容；创新内容形式，巧妙结合视频、音频、图文等多种呈现方式，以增强内容的吸引力和传播力；同时，积极引入专业的内容创作者和团队，以提升内容的专业水准与深度，为用户提供更丰富、有价值的信息。

（2）加强技术研发与应用。加大在技术研发上的投入，与前沿技术保持同步，例如积极引入 AI、大数据等技术；同时，不断优化用户体验，提升平台的稳定性和易用性，确保用户能够畅享便捷、流畅的服务；此外，还需加强数据安全和隐私保护，确保用户信息安全，赢得用户的信任与支持。

（3）遵守法规与政策，建立合规机制。深入了解并遵守关于新媒体的法规和政策，确保平台合法运营；建立完善的合规机制，对平台内容进行严格审核，杜绝出现违规内容，以维护良好的网络生态；同时，加强与政府部门的沟通与合作，及时了解和应对政策变化，确保平台在法规框架内稳健运营。

（4）深入了解用户习惯，优化产品策略。通过用户调研、数据分析等方式，深入了解用户的行为习惯和喜好，根据用户的习惯和喜好调整产品策略，提供更加符合用户需求的服务和功能，不断优化用户体验，提升用户黏性和满意度。

（5）构建合作伙伴关系。与其他新媒体平台、内容创作者、技术提供商等建立合作关系，共享资源和经验。通过合作，可以引入更多优质的内容或获得技术支持，从而进一步提升平台的竞争力，为用户提供更丰富、高质量的服务体验。

（6）培养与留住人才。重视人才的培养与引进，致力于建立一支专业、高效的新媒体团队。同时，提供优越的工作环境和丰厚的福利待遇，以激发员工的创新热情，促进他们的个人发展，从而共同推动新媒体平台的持续进步。

（7）灵活应对市场变化。密切关注市场动态和竞争态势，及时调整战略和策略；勇于尝试新的商业模式和运营方式，不断探索适合自身发展的独特道路，以在激烈的市场竞争中脱颖而出。

7.3.3 未来迭代思维在新媒体领域的应用前景

迭代思维的应用前景广阔，其潜力巨大且充满无限可能。随着科技的快速进步和市场需求的不断变化，迭代思维在多个领域都展现出了其独特的价值和优势。它强调在原有基础上不断重复、推陈出新，每次迭代只解决用户反馈的痛点问题，而不是所有问题。这种思维模式的实质是抓住产品与用户需求之间的主要矛盾，确保产品发展方向正确[43]。

对于迭代思维的未来趋势，虽然无法给出确切的预测，但我们可以根据当前的趋势和一些可能的发展因素进行分析。

首先，随着技术的快速发展，特别是人工智能、大数据等技术的不断突破，迭代思维在产品开发和服务中的应用将更加深入和广泛。这些技术为快速收集和分析用户反馈提供了强大的支持，使得产品迭代更加精准和高效。

其次，随着消费者对产品和服务的要求越来越高，企业需要更加注重用户的反馈和需求，通过迭代思维不断优化产品、提升用户体验。

最后，迭代思维还将与其他思维方式和方法进行融合和创新。例如，想要进一步提升产品开发的效率和质量，可以与敏捷开发、精益创业等结合。同时，随着跨学科研究的深入，迭代思维也可能与其他领域的思维方式进行融合，产生新的思维模式和方法。

以下是关于迭代思维未来应用前景的深入分析与展望：

（1）内容优化和个性化推荐。迭代思维可以帮助新媒体机构不断优化内容生产和推荐算法，通过不断试验和调整，提供更符合用户兴趣和需求的个性化内容，提升用户体验和留存率。

（2）创新实验和快速验证。迭代思维鼓励团队进行小规模创新实验和试点项目，通过快速迭代和反馈来验证新想法和新技术，帮助新媒体机构更快地发现和实现创新。

（3）数据驱动决策。迭代思维强调持续学习和持续改进，可以帮助新媒体机构建立数据驱动的决策机制，通过数据分析和实验结果来指导内容生产、用户运营和商业决策。

（4）快速响应市场变化。新媒体行业变化快速，迭代思维可以帮助新媒体机构快速调整策略、产品和运营方式，及时响应市场和用户需求变化[44]，保持竞争优势。

（5）持续优化用户体验。通过不断迭代和改进，新媒体机构可以持续优化用户体验，提升网站、应用或平台的易用性和性能，吸引更多用户并提升用户满意度。

（6）团队协作和创新。迭代思维强调团队协作和持续学习，可以帮助新媒体团队建立创新文化，鼓励团队成员不断尝试新方法、学习新知识，共同推动新媒体发展和进步。

综上所述，迭代思维在新媒体领域有着广阔的应用前景，可以帮助新媒体机构更好地适应变化、持续创新、优化用户体验、提升竞争力并取得成功。通过持续的迭代和改进，新媒体行业可以更好地应对挑战和抓住机遇。

7.4 迭代思维应用实践案例

中央广播电视总台"央视频"在迭代思维的应用实践方面推出了一系列创新举措，这些举措不仅提升了用户体验，也推动了媒体融合的深入发展。

"央视频"在汲取国内外算法推荐模型精华的基础上,成功推出了一套具备自主可控性的技术架构。该架构涵盖算法工作台、推荐引擎、A/B 测试系统以及知识结构四大核心组成部分。推荐引擎的核心作用是将合适的内容匹配给适合的用户,确保内容分发的精准性和个性化。

"央视频"建立了从细分内容到爆款内容的内容漏斗模型,通过算法挖掘潜在热点,为有限规模的内容精准匹配用户。同时,建立了从高活用户到低活用户的流量阶梯模型[45],将可能成为热点、爆款的精品内容逐渐扩大人群推送范围,从而有效检验内容传播力。

"央视频"还构建了一个多维度的标签化用户画像体系,涵盖社会属性、行为心理、设备属性和内容偏好四大维度,以及若干小维度,为用户提供更加个性化的内容推荐。

在 2022 年北京冬奥会期间,"央视频"运用 8K、VR、AI 等先进技术,为用户提供了全景沉浸式观赛体验。用户可以通过"央视频"VR 应用或客户端内的 VR 互动 H5 产品,自由选择观看视角,实现了身临其境的观赛体验。

"央视频"开发的 AI 剪辑系统成果斐然,2022 年北京冬奥会期间,共产出视频 192 条,累计播放量突破 1550 万。以谷爱凌夺得自由式滑雪女子大跳台金牌的报道为例,该系统仅用 1 分钟便完成了自动剪辑并发布,使用户第一时间领略了运动员的夺冠风采[46],感受到激动人心的瞬间。

"央视频"通过上线"央友圈"等社交功能,强化了平台的社交基因,促进了用户之间的互动。同时,推出"竞猜王"系列互动产品,结合体育赛事,创造了"大屏看内容,小屏玩互动"的全新体验场景。

"央视频"在技术方面不断创新,如 12K 微距拍摄技术的应用,使得三星堆文物的细节得以清晰展现,为用户提供了沉浸式的观看体验。此外,"央视频"公司还积极参与行业标准文件的制定,获批成为"国家高新技术企业"。

"央视频"通过推出《央 young 之夏》等精彩节目,巧妙运用 IP 力量促进文化融合,成功吸引了大批年轻用户的关注。此外,节目《国风运动会》对中华传统运动进行了现代化的创新表达,成功引领了国风体育的热潮，为传统文化注入了新的活力。其在内容制作上也不断创新，如与中国电影资料馆合作，将《永不消逝的电波》进行 4K 彩色修复，给观众带来了新的观影体验。同时，"央视频"还推出了会员模式，为媒体实现付费盈利探索新途径。

通过上述分析可以看到，"央视频"在迭代思维的应用实践中，不仅在技术上不断创新，而且在内容生产、用户体验、社交互动等方面也进行了深度融合和创新。这些实践不仅提升了"央视频"的品牌影响力和用户满意度，也为媒体行业的融合发展提供了宝贵的经验和启示。

好利来作为一家知名的烘焙品牌，在迭代思维的应用实践方面展现出了独特的策略和成果。以下是对其迭代思维的深入分析与具体解读：

首先，好利来敏锐地捕捉到了新媒体时代的市场变化和用户需求。随着年轻消费群体的崛起，好利来意识到传统的烘焙品牌已经不能满足现代消费者的需求，因此它开始积极拥抱新媒体，利用互联网、社交媒体等与年轻消费者进行互动和沟通。

其次，好利来在新媒体平台上不断进行迭代与优化，以适应市场的变化和满足用户的需求。它不仅在社交媒体上发布了大量有趣、有创意的内容，吸引了大量"粉丝"和关注者；还积极与"网红"、明星展开合作，并通过举办线上活动等方式，进一步提升品牌的知名度和影响力，从而吸引更多用户的关注和喜爱；此外，好利来还不断优化线上购物体验，提供了便捷的在线购买和配送服务，满足了消费者的购物需求。

再次，在内容创新方面，好利来也展现出了强大的迭代能力。好利来持续推陈出新，不断研发新产品、新口味和新包装，以满足消费者的尝鲜需求。同时，借助故事化、情感化的营销手段，将产品与消费者的日常生活场景和情感需求紧密相连，成功引发了消费者的共鸣，并激发了他们的购买欲望。

此外，好利来还高度重视数据分析和用户反馈，以精准把握市场动态和消费者需求。这些数据和反馈为产品迭代和营销策略提供了有力支撑。好利来通过分析用户在新媒体平台上的行为、喜好和反馈，不断优化产品和服务，提升用户体验。这种以用户为中心的迭代思维，使得好利来能够更好地满足消费者的需求，赢得消费者的信任和喜爱。

　　好利来在迭代思维方面展现出了敏锐的洞察力、持续的创新能力、以用户为中心的服务理念以及数据驱动的决策能力，这些都使得好利来在新媒体时代能够保持品牌活力[47-49]，实现了持续性发展。

第 8 章　跨界思维

8.1　跨界思维的概念

跨界思维是一种别具一格的思维方式，它推崇以多元化的视角和宽广的视野来审视问题并构思解决方案。这种思维方式不仅仅是一种潮流化的生活态度，更是一种具有前瞻性和创新性的全球视野，彰显出了独特的思维特质。这种思维方式要求人们具备丰富的经历和阅历，以及综合的知识结构，从而能够打破传统，广泛借鉴不同领域的经验，回归本质找到规则和趋势之下的原理，另辟蹊径地找到有效的解决方案。跨界思维象征着一种新颖而锐利的世界眼光，它激励人们追求思想的自由与思维的灵动，宛如点亮创意的慧眼和引领创新的灵魂。借助跨界思维，人们可以重新审视自己和世界，发现更多的可能性，创造出独特的价值。

在单一的领域中，人们的思维和方法往往受到各种限制，而跨界思维则帮助人们突破各种限制，鼓励人们从多个不同的领域、不同的角度去审视问题，找到更全面、深入的解决方案。同时，它也激发人们的创新思维、提升人们的综合能力，促进不同领域之间实现跨界合作[50]。跨界学习和实践能够帮助人们开阔视野、提高综合能力，并更好地适应复杂多变的环境，这要求人们具备丰富的理论与实践经历，以及综合的知识结构。通过跨界思维，人们可以从多个不同的领域、不同的角度汲取全新的知识和经验，不拘泥于原领域的方法和规则，打破思维定式，制定出更具创新性和实用性的解决方案。不同领域的思维模式和方法可以相互借鉴，在激发人们的创新思维的同时促进不同领域之间的合作和交流，从而产生更有深度和广度的合作成果。这种思维方式不仅有助于个人的成长和发展，也对不同领域的企业和组织来说具有重要意义，能够推动合作与创新、提升竞争力，实现更大的成功和发展。

8.2　跨界思维与创新的关系

跨界思维与创新之间存在着紧密相连、不可分割的关系。跨界思维宛如一座宝库，为人们提供了源源不断的资源和灵感。它鼓励人们跨越传统的界限，涉足不同的领域，从而发现新的可能性与机会。通过这种跨界的方式，人们能够汲取各个领域的智慧与经验，激发出更为独特和创新的思维火花。不同领域之间的交流与碰撞，打破了人们自身固有的思维框架。人们通过跨界思维学习到多个不同领域的思维方式、知识以及技术，从而从不同的视角、采用不同的方法解决问题。同时，跨界思维在创新中也发挥着举足轻重的作用。创新是创业者赖以生存和发展的核心竞争力，也是推动时代前进的重要力量。只有不断地创新，创业者才能在纷繁复杂的商业环境中抢占先机，实现自身价值和企业发展。跨界思维积极倡导人们跨越不同领域，推动知识的深度融合与交叉创新。通过这种深度的融合，不同领域的知识和技术得以相互碰撞、交融，从而孕育出别具一格的创新点。这种思维方式鼓励人们将不同领域的知识和经验相结合，从而创造出更具创新性和独特性的成果。此外，跨界思维还有助于培养人们的综合能力和创新思维[51]。通过不同领域的跨界学习和实践，人们能够开阔视野、提升修养、提高综合能力、加强创新思维和解决问题的能力、不断挑战和突破自己，从而与时俱进地调整发展策略。这种综合能力的提升对于应对创新过程中复杂多变的问题和挑战至关重要。

综上所述，跨界思维与创新之间存在着一种紧密且相互促进的关系。跨界思维不仅为创新提供了十分丰富的资源和灵感，还通过打破各个领域之间的界限，促进了知识的融合和交叉，进一步培养了人们的综合能力和创新思维。在创新的过程中，跨界思维发挥着重要的作用，为创新创造了新的可能性和机遇。

8.3 跨界合作的策略与实践

8.3.1 跨界合作的策略

跨界合作是一种创新的市场营销方式，它涉及两个或多个来自不同领域、行业或品类的品牌或机构之间的深度合作与协同。这种合作旨在通过共同推出新产品、服务、内容或活动，实现资源共享、优势互补和价值叠加。

跨界合作的策略主要包括以下几个方面：

（1）明确合作目标与价值观。在进行跨界合作之前，合作双方首先需要清晰明确地界定合作的目标，并确立共同的价值观，以确保双方能够朝着共同的方向努力，实现互利共赢的目标。这些目标和价值观可能包括商业利益最大化、产品或服务创新、拓展共同市场等。通过明确这些目标和价值观，合作双方可以更好地理解彼此的期望，并为合作关系的发展奠定坚实的基础。

（2）选择合适的合作伙伴。跨界合作成功的关键在于精心挑选那些能够真正形成优势互补、相互契合的合作伙伴。合适的合作伙伴应具备与自身业务相互补充的能力和资源，确保双方在文化、价值观、管理风格等方面具有较高的契合度，从而能够共同实现合作目标。通过深入的市场调研和细致的谈判，选择出最合适的合作伙伴，并签订合作协议以确保合作的顺利进行。在这一过程中，需要确保双方的目标和价值观一致，同时充分考虑合作伙伴的资源、技能和专业知识是否能够与自身形成互补，从而共同推动跨界合作的深入发展。

（3）建立有效的沟通机制。良好的沟通是跨界合作取得成功的核心要素和关键所在。在合作过程中，建立高效且有效的沟通渠道至关重要。它不仅能够促进双方信息的及时传递与共享，还能够确保合作过程中的问题得到及时解决，从而推动合作顺利进行。合作双方之间应明确沟通的频率、方式和内容，确保信息的及时、准确传递和深入理解。为避免信息的滞后和误解，合作双方应建立一个可靠和有效的沟通机制，包括定期会议、信息共享等方式，以促进双方之间能够顺畅沟通，同时积极预防并处理可能出现的摩擦和冲突。

（4）制定明确的合作协议。跨界合作涉及双方共同投入资源和承担风险，为确保合作的长期稳定与成功，建立公平合理的利益分配机制尤为关键。合作伙伴之间应开展充分的讨论与协商，共同确定资源投入和利益分配的比例，明确双方的角色、责任和利益分配。这一举措旨在确保双方在合作过程中能够公平、公正地分担风险与享受利益，避免在合作过程中发生冲突和误解，进而促进合作的稳定和可持续发展。

（5）建立良好的合作文化。合作文化是跨界合作成功的基石，它深深植根于合作双方之间的信任、尊重与协同精神。要构筑这一坚实的文化基石，双方需携手并进、共同努力。跨界合作的核心精髓在于深入挖掘并巧妙利用各方独特的优势资源，实现资源共享与优势互补，从而创造出更大的价值和影响力。在这一过程中，合作双方应当积极展现并充分发挥各自的专业能力和资源储备，以提供坚实有力的支持，共同推动合作项目取得卓越成果。同时，处理合作纠纷也是合作文化中的重要一环，双方应以开放的心态，通过对话与协商，共同找到解决问题的最佳途径。通过持续的积极沟通与深度合作，不同领域之间的跨界合作能够形成一种富有成效的合作文化，从而为跨界合作的成功实施提供有力支撑。

（6）持续创新与改进。跨界合作作为现代商业发展的重要模式正逐步成为推动企业持续进步和创新的关键力量。这一模式并非一成不变的，而是充满无限活力、持续创新和不断演化的。在合作的过程中，双方都需要保持敏锐的洞察力和前瞻的视野，持续优化和改进合作策略与执行计划。

在实施跨界合作项目时，合作双方不仅要全力以赴地推进项目进展，更要注重及时回顾和总结过去的经验教训。只有深入剖析这些经验教训，合作双方才能够更好地理解合作中的优势和不足，为未来合作提供有力的指导[52-53]。

综上所述，跨界合作的策略涵盖了明确合作目标与价值观、选择合适的合作伙伴、建立有效的沟通机制、制定明确的合作协议、建立良好的合作文化以及持续创新与改进等多个方面。通过实施上述策略，不同企业之间可以充分利用跨界合作的机会，实现更为广泛和深入的合作，从而推动各个领域的企业实现更大的发展和成功。只有在这些关键环节方面共同努力，合作双方才能够成功地在跨界合作中取得更大的成就，推动不同行业之间的交流和融合，促进整个社会的创新和发展，实现共同繁荣。

8.3.2 跨界合作的实践

跨界策划作为一种充满前瞻性和创新性的策划方式，旨在打破传统行业界限，将不同领域、行业的资源和优势进行融合，从而产生全新的亮点与突破。这一新锐的策划理念和思维模式巧妙地嫁接了其他行业的价值，从而实现了创新的跨越式飞跃，为行业注入了新的活力与创意。它为企业和品牌量身定制了全新的发展战略与战术，助力企业在激烈的市场竞争中实现质的蜕变，焕发新的生机与活力。跨界策划的核心在于"打破"，它要求企业具备跨界创新的勇气和智慧，勇于走出舒适区，打破惯例，寻找新的增长点和发展机遇。通过实施有效的跨界营销策略，结合品牌、产品、营销等多方面的资源，企业不仅能够提升品牌知名度、曝光度和销售业绩，更能开创市场新蓝海，创造销售奇迹。

跨界合作不仅有助于企业提高市场份额，还能提升品牌形象和市场竞争力，实现资源共享、降低成本和分散风险。然而，跨界策划并非易事，它要求企业具备敏锐的市场洞察力和创新思维能力[54]；同时，还需要找到合适的合作伙伴，建立有效的沟通渠道和合作机制。只有在充分准备和精心策划的基础上，企业才能成功实施跨界策划，取得令人瞩目的成果。例如，贵州茅台与瑞幸咖啡推出了联名咖啡"酱香拿铁"。

2023 年 9 月 4 日，瑞幸咖啡正式宣布与贵州茅台达成战略合作，成为首个与贵州茅台达成战略合作的中国连锁餐饮品牌。在"瑞幸咖啡 × 贵州茅台"战略合作启动仪式上，两个企业联合推出了"酱香拿铁"咖啡，每一杯咖啡中都含有 53 度的贵州茅台酒，能让每一位消费者体验到"美酒加咖啡"的完美融合。启动仪式当天，备受瞩目的"酱香拿铁"正式在瑞幸咖啡全国门店亮相[55-56]，这一联名佳作瞬间点燃了广大消费者的热情，使得瑞幸咖啡的门店一度人潮涌动，热闹非凡。瑞幸咖啡作为快消饮品领域的一员，其市场门槛相对较低，易于复制，导致产品间的差异化变得尤为困难。对于茅台酒这款高端商务酒而言，年轻消费者数量相对有限，且年轻人往往因其深厚的传统底蕴和高端定位望而却步。然而，通过此次创新的营销活动，贵州茅台成功吸引了年轻人的关注，赢得了他们的好感。这次合作不仅为双方带来了更多的商业机会，也为消费者带来了更多的选择。对于贵州茅台来说，通过与瑞幸咖啡的合作，可以更好地拓展年轻消费者市场，提升品牌影响力；而对于瑞幸咖啡来说，借助贵州茅台的品牌优势，可以进一步提升自身在咖啡市场的地位。

从更深层次来看，这次合作也体现了品牌之间的互补与共赢。贵州茅台与瑞幸咖啡的合作，不仅是一次商业上的成功尝试，而且是传统文化与现代生活方式的融合与创新。它不仅展现了传统与现代、文化与商业之间的无限可能，而且在无形中推动了文化的传承与创新，为消费市场注入了新的活力与魅力。这种跨界合作不仅为消费者带来了前所未有的全新消费体验，而且为品牌之间的深度合作开辟了更加广阔的空间，有利于创造出更大的商业价值与社会效益。

8.4　跨界思维应用实践案例

跨界是一种充满创意与活力的全新营销方式。对于急需转型和适应时代变化的经典品牌来说，和潮牌搭上关系，不仅能引起大量的媒体关注，还能和新生代消费群体手牵手，让品牌形象更加年轻化。跨界合作极大地激发了品牌活力。

2023 年 10 月 19 日，乌江榨菜跨次元联动 B 站推出了 2233 定制款粉色榨菜。2233 榨菜分为线上发售的量贩装和线下销售的 70 g 常规装，并进行了联名款包装定制焕新，描绘出 B 站的两位品牌形象——"22"和"33"边吃饭边观看视频的场面。

除此之外，每袋榨菜的包装都含有 B 站用户最爱观看的、符合一顿饭时长的"伴饭"视频二维码，消费者可以直接扫描二维码观看 B 站精选出的 100 ～ 150 个优质短视频，一边看视频一边"干饭"。

乌江榨菜跨次元联动 B 站，以"实体榨菜遇上电子榨菜"为创意切入点，无疑展现了乌江榨菜品牌的前瞻性和创新性。通过简单的包装焕新，这一跨界合作自带新奇感和话题度，成功吸引了年轻人的关注。乌江榨菜与 B 站合作，彰显了双方对于年轻人市场的深入洞察。二者都瞄准了年轻受众，具有高度的契合性。B 站作为年轻文化的璀璨舞台，汇聚了众多充满活力与创造力的年轻用户；而乌江榨菜也一直在寻求与年轻人建立沟通的契机，力图在行业的年轻化趋势中抢占先机。此外，乌江榨菜和 B 站的"电子榨菜"在使用场景上也高度重合。无论是实体榨菜还是"电子榨菜"，都是年轻人用餐时的下饭佳品。这种跨次元的结合，巧妙地使年轻人建立起"看 B 站，吃乌江"的场景联想，进一步加深了品牌印象。通过与 B 站合作，乌江榨菜不仅抢占了年轻人的市场，还有可能培养出新的用餐习惯。同时，B 站也能借助乌江榨菜的线下渠道，进一步拓展其在现实下饭场景中的影响力，巩固其作为"电子榨菜优选平台"的地位。

与此同时，此次联名活动还特别推出了宣传短视频《夏范与施萍》，巧妙地运用"夏饭"与"施萍"的谐音，与"下饭"与"视频"相呼应，展现了乌江榨菜与 B 站短视频平台的"双向奔赴"。在社交语境日益变化的今天，相较于传统的洗脑、说教、煽情内容，年轻群体更青睐于"玩梗"、搞笑以及生活化的表达。乌江榨菜正是凭借这部符合年轻人口味的视频，成功打响了跨界合作的第一枪。

视频中讲述的"夏饭"与"施萍"的故事，生动而真实地还原了当代年轻人共同进步、志趣相投的美好爱情观，展现了他们之间的深厚情感与默契配合。视频通过复刻校园、职场、露营等多个场景下的"下饭配视频"情节，从情感共鸣到场景代入，成功抓住了年轻观众的关注点。乌江榨菜联名款在故事情节中的自然展现，以及"夏饭"与"施萍"组成的 CP（Couple）强联想植入，不仅启发了更多年轻人形成"看 B 站，吃乌江"的用餐习惯，还实现了对目标消费群体的深度"种草"。"夏饭"与"施萍"这两个幽默诙谐的"谐音梗"贯穿全剧，极大地吸引了喜欢"玩梗"的年轻观众，激发了他们互动和传播的热情。借助网友的传播力量，乌江榨菜的品牌跨界声量有望进一步提升，实现破圈效应。

面对热爱互动、注重体验的年轻人，单纯的线上宣传并不足以在年轻人心中留下深刻印象，因此乌江榨菜跨次元联动 B 站在线下的传播也如火如荼。在吸引了众多人对乌江与"电子榨菜"的关注后，结合当下年轻人的触达偏好，一场趣味盎然的快闪活动在重庆大学城顺势举办。

在快闪活动现场，B 站与乌江榨菜的联名 logo 随处可见，成功将跨次元的场景带入现实，瞬间吸引了人们的眼球。这一视觉创意不仅让乌江的年轻化标签深入人心，更在第一时间点燃了现场氛围。

观众在活动现场参与互动的过程中，不仅能品尝到乌江的美食，还能体验露天观影的乐趣，真正享受"吃乌江美食，看 B 站影片"的愉悦时光。此外，现场还设有打卡区、游戏区等亮点区域，通过年轻人喜爱的互动模式，将"乌江榨菜联名 B 站电子榨菜"的概念转化为更具感知度和记忆度的体验。

乌江榨菜跨次元联动 B 站的线下惊喜体验和高颜值互动装置，激发了年轻参与者主动打卡、分享的热情，将线下的热度延伸到社交平台，形成传播合力；乌江榨菜"爱玩""会玩"的印象也在这一过程中得以强化，进一步辐射至更广泛的年轻群体。

乌江榨菜跨次元联动 B 站的线上线下传播互动，不仅焕新了乌江品牌的年轻形象，更唤醒了年轻群体对乌江的消费兴趣。通过完善营销转化的链路，将乌江产品高效输送到更多年轻人的下饭场景中，是将认知、体验转化为消费者行动和习惯的关键一步。

随着品牌热度的持续高涨，流量在各大平台强势汇集，乌江新包装产品在上海、广州、成都、重庆、长沙、合肥、武汉七大城市陆续上市。同时，"乌江 × 哔哩哔哩抖音直播销售专场"也应势开启。乌江榨菜跨次元联动 B 站联动营销，借助专场直播提效转化。这一举措成功地将乌江品牌声量转化为实实在在的销量，实现了品牌知名度与销售业绩的双提升。

回顾整场营销活动，乌江榨菜与 B 站并没有采用传统的大媒介渠道进行铺天盖地的宣传，而是凭借二者的创意内容和互动体验，吸引了众多年轻人主动接近、了解并参与到品牌的活动中来。首先，在产品层面，乌江榨菜不仅通过联名包装满足年轻人"看视频下饭"的场景需求，更从品质、口味上全面满足他们对于健康、多元、便捷、精致的追求。例如，针对年轻人关注的健康问题，乌江榨菜顺应时代发展升级了"轻盐榨菜"，打响"下饭拌面香，怕咸吃乌江"的口号。榨菜产品减盐超 30%，不仅年轻人爱吃，老人小孩也能放心吃。其次，在营销沟通层面，乌江榨菜则通过花式回应年轻人的兴趣、情绪和情感需求，不断加深品牌在年轻人群中的认知度。

值得一提的是，乌江榨菜还通过 B 站的高质量视频为年轻人提供了情绪价值。在繁忙的生活中，"电子榨菜"为年轻人提供了娱乐空间和精神支持，乌江榨菜通过这一创意，展现了对年轻人需求的深刻洞察和满足，赢得了年轻消费者的好感。事实上，一个品牌如果只是浅显地入局年轻潮流文化、社交热点，往往只能带来昙花一现的热闹。要想在年轻人群中长久占据一席之地，就必须走进年轻人的生活场景，并通过独特的服务、价值满足他们，确立品牌在场景下的专属定位。乌江榨菜选择以"电子榨菜"这个切入点开始，就不是短暂地借势年轻热点，而是划定了长期陪伴年轻人的路径。

在《圈层效应》这本书中，有这样一句让人印象深刻的话："唯有深入洞察并理解消费主力的商业逻辑，掌握与这一代年轻人心灵契合的秘诀，未来的商业才能稳步迈向成功的彼岸。"乌江榨菜与 B 站的联名合作正是围绕年轻人的兴趣场景和情感诉求展开的，凭借对年轻的消费群体的深入了解和精准回应，通过与年轻人共同玩转创意互动，成功拉近了品牌与年轻的消费群体的距离，成功赢得了年轻群体的青睐。

2023 年 8 月 2 日，蜜雪冰城微博官宣与中国邮政联名，推出蜜雪冰城主题邮局，并晒出蜜雪冰城主题邮局装修图 [62]。一时间，一间绿色门店的蜜雪冰城在社交媒体"刷屏"，网友纷纷调侃蜜雪冰城："起猛了，蜜雪冰城入编了。"此处门店是蜜雪冰城与中国邮政集团有限公司陕西省分公司合作推出的主题店，门店地址位于西安市雁塔区小寨邮局旁。该门店门头和室内装修都一改以往的红白配色，以中国邮政经典的绿色为主色调，而店内除了布满雪王、邮筒等元素之外，还设有邮政文化周边。除了蜜雪冰城主题邮局门店设计外，蜜雪冰城还与中国邮政推出了一系列联名产品。这些产品融合了双方的特色和优势，既满足了消费者对美食的追求，又提供了多元化的选择。例如：蜜雪冰城推出了以中国邮政为主题的冰激凌，将传统元素与创意口味相结合，为消费者带来了全新的味觉体验；而中国邮政则推出了蜜雪冰城的定制版明信片和邮票等文化创意产品，将品牌的影响力延伸到更广泛的领域。此次联名活动不仅让合作门店在开业前就备受瞩目，更让相关话题在社交媒体上广泛传播，进一步提升了蜜雪冰城与中国邮政两大品牌的影响力。一时间，"蜜雪冰城入编制""蜜雪冰城变绿了"等话题在网络上掀起热议，引发广大网友的关注和讨论。

通过与中国邮政这一具有深厚历史和文化底蕴的企业进行联名，蜜雪冰城不仅展示了其开放、创新的品牌态度，而且在消费者心中塑造了一个更加多元化、具有社会责任感的品牌形象。此次精心策划的联名合作，不仅显著提升了双方的品牌价值，而且为消费者带来了别具一格、前所未有的全新消费体验，让人耳目一新。通过创新的产品和门店设计，蜜雪冰城和中国邮政成功吸引了大量消费者的关注和喜爱，进一步巩固了其在市场中的地位。

总之，跨界合作是未来社会发展的新趋势，它具有很多优势，包括互补优势、降低成本和提高创新能力。随着更多企业和专业人士跨越自己所在的领域，未来的社会发展将会变得更加多元化和智能化。

2023 年 8 月 1 日，挪瓦咖啡与饿了么携手开设了首家联名旗舰店。这是挪瓦咖啡首次与外卖巨头联名开设门店，同时也展现了饿了么在品牌合作领域的创新尝试。

与传统咖啡行业的定位不同，挪瓦咖啡更加聚焦年轻客群，其中女性占比超过 60%，这类人群更追求差异化、与众不同。饿了么作为领先的外卖平台，对品牌经营数据有着深入的了解和敏锐的洞察力，其 App 所记录的各项敏感数据，如进店率和产品复购率，都是衡量品牌市场表现的重要指标。饿了么选择与挪瓦咖啡进行联名合作，显然是对挪瓦咖啡在竞品中所展现出的明显优势的高度认可。挪瓦咖啡凭借其独特的品牌魅力、优质的产品品质以及良好的市场口碑，成功赢得了饿了么的青睐，共同开创了外卖与咖啡品牌合作的新篇章。

挪瓦咖啡与饿了么联名旗舰店的特色在于其独特的融合设计，巧妙地将挪瓦咖啡的经典橙色与饿了么标志性的蓝色"小蓝盒"元素融为一体，以"橙色小马×小蓝盒"撞色设计为特色，为顾客带来了耳目一新的视觉盛宴。店内不仅设有趣味横生的小游戏，还精心准备了一系列周边商品，如足球小桌游、扭蛋娃娃机、别致的桌牌，以及可爱的毛绒抱枕、坐垫和限定版纸袋杯套等，为顾客打造了一个别具一格的沉浸式体验空间。该门店还给予周边饿了么员工基础 5 折优惠等多种福利，并推出一款特调饮品"冰蓝葡萄 Dirty"。通过线上线下的紧密合作，挪瓦咖啡与饿了么共同搭建了一个高效便捷的服务网络，并传递出"品质咖啡，一键即达"的理念。这种创新的合作模式不仅进一步提升了双方的品牌影响力，也为消费者带来了更多元化的选择和更优质的服务。此外，挪瓦咖啡还荣幸地成为饿了么"爱心商家"计划的首个合作品牌。该计划旨在通过每售出一杯咖啡即为公益事业贡献一份善款的方式，积极履行社会责任。这一举措不仅彰显了挪瓦咖啡的社会担当，也进一步提升了其在消费者心中的品牌形象。

总的来说，挪瓦咖啡与饿了么的联名合作是一次极具创新意义的品牌联合活动，通过独特的门店设计、丰富的互动体验以及社会责任的践行，成功提升了双方的品牌价值和市场影响力。

第 9 章　社会化思维

9.1　社会化思维的概念

社会化思维是一种依赖性的思维方式，它强调个体在社会环境中受到定义和期望的影响，并根据社群的主流意见来沟通和解读信息。在社会化思维的广阔框架下，个体不仅扮演着信息接收者的角色，而且成为信息传播中不可或缺的关键节点。他们不仅是信息的消费者，享受着信息带来的便利与愉悦，而且是信息的生产者，以独特的视角和创造力，为信息世界增添无尽的色彩与活力。他们活跃于错综复杂的社交网络之中，接收并发出信息，共同编织出一张庞大的信息交互网。这一思维方式深刻揭示了互联网时代用户的重要性，他们不仅拥有话语权，更是口碑影响力的源泉。

传统的广告宣传方式在信息爆炸的时代显得捉襟见肘，单向的灌输已难以满足用户日益增长的互动需求。品牌需要与用户建立更为亲近、更为人格化的联系，才能在这个充满竞争的市场中脱颖而出。因此，品牌需要积极拥抱社会化思维，通过巧妙的互动和沟通，与用户建立深厚的情感纽带。这不仅要求品牌具备敏锐的洞察力，能够准确捕捉用户的兴趣和需求，更要求品牌具备创新思维，能够不断推出符合用户期望的产品和服务。

社会化思维的重要性在现代社会中日益凸显，尤其是在互联网时代，它不仅是企业生存和发展的关键，更是塑造品牌形象、建立用户信任和提升市场竞争力的基石。

首先，社会化思维强调企业与用户之间的平等和互动，这打破了传统商业模式中企业与用户的单向关系。在这种新的关系模式下，企业不再仅仅是产品或服务的提供者，还是用户需求的倾听者和满足者。通过与用户的互动和沟通，企业可以更加精准地把握市场动态和用户需求[63]，从而调整和优化产品或服务，更好地满足用户的期望。

其次，社会化思维对于企业塑造独特的品牌形象也有着重要的作用。在互联网时代，品牌形象的塑造不仅仅依赖于传统的广告宣传，而是更多地依赖于用户的口碑传播和社交媒体的影响力。通过积极参与社交媒体互动、回应用户反馈和分享有价值的内容，企业可以构建起积极、正面的品牌形象，提升用户对品牌的认知度和好感度[64]。

再次，社会化思维也在增强企业的市场竞争力方面起到一定的作用。在竞争激烈的市场环境中，企业不仅需要提供优质的产品或服务，还需要与用户建立紧密的联系和信任关系。借助社会化思维，企业得以深入洞察用户的需求与偏好，进而为用户量身打造更加个性化的产品和服务。通过与用户的积极互动和紧密合作，企业不仅能够更好地满足用户的期望，更能与用户共同创造价值，实现真正意义上的双向共赢。这种以用户为中心、注重互动与合作的经营模式，不仅有助于提升企业的市场竞争力，更能在企业与用户之间建立深厚的情感纽带，实现长期的可持续发展。

最后，社会化思维不仅是企业创新的重要驱动力，更是其持续发展的不竭源泉。面对日新月异、快速变化的市场环境，企业唯有不断创新，才能有效应对新的挑战、满足新的需求。社会化思维为企业提供了开阔的视野和丰富的灵感，推动企业不断探索新的商业模式、产品和服务，从而在激烈的市场竞争中脱颖而出，实现可持续发展。社会化思维鼓励企业从用户的角度出发，去探寻新的商业机会和问题解决方案。通过与用户的合作和共创，企业可以开发出更加符合市场需求的新产品或服务，实现自身业务的持续增长。

9.2 社会化思维与新媒体的关系

社会化思维与新媒体之间是紧密相连、相辅相成的关系，二者相互促进，共同推动着信息时代的发展与进步。二者不仅在理论上紧密相连，而且在实际应用中也展现出了巨大的潜力和价值。

　　社会化思维作为新媒体发展的理论基石，为行业的蓬勃兴起提供了有力的支撑。在当下这个互联网时代，信息传播的方式正以前所未有的速度和规模经历着深刻的变革。传统的单向传播模式已逐渐式微，无法满足用户日益增长的互动与参与需求；而社会化思维则强调个体在信息传播中的主动地位与参与性，积极倡导信息的共享、互动与深入合作。这一理念与新媒体的特性高度契合，共同推动着信息传播领域的创新与进步。这种思维方式为新媒体提供了发展的方向，推动了新媒体平台不断创新和优化，以满足用户对于信息获取和交流的多样化需求。新媒体的迅猛崛起，不仅推动了信息传播技术的革新，而且促进了社会化思维的广泛普及和深入应用。如今，社交媒体、短视频、直播等新媒体平台如雨后春笋，为用户提供了更加便捷、高效的交流渠道[65]，使得信息的传播变得更为迅速和广泛。这些平台不仅赋予了用户展示自我、表达观点的自由空间，也为企业提供了与用户互动、塑造品牌形象的绝佳机会。通过新媒体平台，企业能够更精准地把握用户需求，收集用户反馈，进而制定出更加贴合市场的营销策略和产品方案。社会化思维与新媒体的深度融合，正日益推动着企业与用户之间的关系向着更加紧密、互动的方向迈进，共同开创着全新的商业模式与用户体验。

　　社会化思维与新媒体的结合还催生了一系列新的商业模式和业态。例如：社交电商巧妙地将购物与社交功能融为一体，通过社交媒体平台实现了用户间的信息无障碍分享与精准购物推荐，从而显著提升了用户的购物体验与转化率，开创了电商行业的新篇章；内容营销、"网红"经济等新模式也借助新媒体平台得以快速发展，为企业带来了全新的商业机会和价值。

　　社会化思维与新媒体的结合还对社会文化产生了深远影响。通过新媒体平台，人们可以更加便捷地获取和传播信息，形成了更加开放、包容的社会文化氛围。这种文化氛围不仅促进了不同文化之间的交流和融合，还激发了人们的创新精神和创造力，推动了社会的进步和发展。

9.3 社会化媒体的运营策略

9.3.1 社会化媒体平台的选择与优化

社会化媒体平台是指那些具备营销性质并用于开展一系列营销行为的线上社交媒体平台。这些平台提供了多种多样的交流形式和表达方式，用户可自由发表微博、博客文章，参与社交网络互动，分享生活点滴与见解，并与志同道合的伙伴进行深入交流。这些社会化媒体平台也是企业推广品牌、构建用户关系的重要舞台，企业可以开展精准的广告投放和营销活动，以更好地了解用户的需求、强化品牌形象，实现商业价值的最大化。此外，社会化媒体平台还凸显了其社交属性，用户的点赞、评论、转发等操作，不仅是对内容的认可与关注，而且是形成紧密社交网络的关键纽带。这种网络不仅推动了信息的迅速传播，而且为用户带来了强烈的归属感和认同感，进一步促进了用户间的互动与合作。当下社会主流的社会化媒体平台众多，主要有以下几个：

（1）微信。自 2011 年腾讯公司推出微信以来，微信迅速崛起并成为拥有用户数量最多的社交媒体平台之一。作为社交媒体中的佼佼者，微信凭借其独特的功能和庞大的用户基础，已然成为最有效的传播方式之一。在众多的社交媒体营销手段中，微信以其精准的定位、丰富的互动形式以及强大的用户黏性脱颖而出，成为众多企业和营销者首选的传播平台。微信以其独特的核心功能——基于熟人关系的即时通信、朋友圈分享以及公众号自媒体，成功地吸引了大量用户的关注和参与。随着移动通信和互联网的迅猛发展，微信不断进化，如今已不仅仅是一个单纯的社交工具，更是一个集社交、购物、游戏、阅读、娱乐、运动、理财等多功能于一体的综合性社会化媒体平台。企业在微信上进行社交媒体营销，可以充分利用其丰富的功能和庞大的用户基础，实现精准定位、高效传播，从而实现营销目标。

（2）微博。自 2009 年推出以来，微博便以其强大的信息传播能力和广泛的用户基础，稳坐中国最大公共信息传播平台的宝座。该平台的核心魅力在于其基于弱关系的兴趣社交机制，使得用户能够依据个人喜好，轻松关注、点赞、评论和分享平台上的各类内容，包括链接、视频、音乐、博文等。微博的独特之处在于其汇聚了众多名人明星、"网红"及媒体内容，形成了一个丰富多彩的内容生态，从而吸引了大量用户在电视剧、综艺、娱乐新闻等泛娱乐领域的活跃参与。如今，微博已成为这些领域用户交流互动、获取最新资讯的重要平台。

（3）腾讯 QQ。腾讯 QQ 现已进化为一款多功能的即时通信软件，它不仅集成了在线游戏、文件共享、网络硬盘、邮箱和论坛等多项服务，更以其独特的魅力吸引了广大年轻用户群体。腾讯 QQ 以其便捷性、多样性和互动性，成为年轻人社交、娱乐、学习、工作不可或缺的重要工具之一。

（4）小红书。小红书以美妆、护肤和保健等日用精品为独特切入点，成功构建了一个集社区和电商于一体的跨境购物平台，成为连接消费者和品牌的纽带。该平台致力于帮助用户发现全球优质商品。同时，小红书平台通过众多"网红"、明星的广泛影响力，已然成为中国电商精品导购领域的佼佼者，引领着行业的发展潮流。

（5）抖音。作为一款以短视频为核心的社会化媒体平台，抖音赋予了用户展现自我、分享创意的无限可能。用户可以轻松拍摄并分享 15 秒至 60 秒的短视频，展示他们在音乐、舞蹈、搞笑、美食、旅行等领域的独特魅力。抖音以其丰富多彩的内容形式，深受年轻群体的喜爱，成为他们展示才艺、分享生活乐趣的重要舞台。

（6）B 站。B 站是一个以二次元文化为核心的社会化媒体平台，深受 ACG［Animation（动画）、Comics（漫画）、Game（游戏）的简称］爱好者的喜爱。在这个充满创意与活力的社区里，用户可以尽情沉浸在丰富多彩的动画、漫画、游戏的相关视频中，分享自己的独特见解和心得。同时，B 站为用户提供了一个交流互动的平台，让他们能够参与讨论、分享心得，与志同道合的伙伴共同探索 ACG 世界的无限魅力。无论是欣赏生动的动画片段，还是品味精彩的漫画故事，抑或是探讨游戏策略，B 站都能满足用户的多元化需求，成为他们展示自我、发现精彩的重要窗口。

（7）知乎。知乎以其独特的问答形式，精心构建了一个用户间知识、经验与见解的共享社区，成为人们探索智慧、交流思想的理想之地。用户可以在知乎上提出问题，也可以回答其他用户的问题。通过互动和交流，不仅可以获取所需的信息，还能发现更多有趣和深入的观点。知乎上的内容包罗万象，涵盖科技、文化、生活、娱乐等各个领域，其丰富性和深度吸引了大量用户踊跃参与，共同构建了一个知识共享与交流的繁荣社区。作为社会化媒体平台，知乎不仅为用户提供了获取信息的渠道，还为用户提供了一个展示自我、建立个人品牌的平台。许多专业人士、行业领袖和知名人士都在知乎上分享他们的专业知识和见解，进一步提升了知乎的内容质量和影响力。知乎还通过举办线上线下活动、推出专栏和付费问答等，不断拓展其业务边界，为用户提供更多元化的服务。

（8）今日头条。作为一个引领风潮的社会化媒体平台，今日头条的核心优势在于基于用户个性化需求的内容推荐机制。借助先进的智能分发技术，今日头条能够精准捕捉用户的兴趣点，确保用户在繁杂的信息海洋中迅速找到并接触到最符合其"口味"的内容，从而大幅提升信息传播的精准度和效率。今日头条不仅仅是一个单向的内容推送平台，更是一个汇聚了众多声音、观点和创意的交流中心。在这个平台上，用户可以轻松获取涵盖新闻、资讯、娱乐等多元领域的内容，同时也可以通过评论、分享等，与其他用户展开深入的交流和讨论。这种双向互动和裂变式的传播方式，使得今日头条在社会化媒体领域脱颖而出，成为用户获取信息、表达自我、连接他人的重要桥梁。同时，今日头条还积极拥抱商业合作，为企业和机构提供了精准的广告投放和营销活动的舞台。通过深度挖掘用户数据，今日头条能够帮助企业更精准地了解用户需求，制定有针对性的营销策略，进而提升品牌形象和市场竞争力。这种合作模式不仅为今日头条带来了可观的商业收益，也进一步巩固了其在社会化媒体平台领域的领先地位。

（9）百度贴吧。百度贴吧以其独特的社区形式，吸引了大量用户积极参与。在这个充满活力的平台上，用户可以轻松创建或加入自己钟爱的贴吧，与一群志同道合的朋友交流心得、分享见闻、深入探讨。它高度重视

UGC，为用户提供了一个自由表达观点、分享经验和见解的舞台，形成了丰富多样的内容生态。同时，百度贴吧强调互动与社交，用户之间可以通过回复、点赞、私信等方式进行深入交流，建立起紧密的社区关系。百度贴吧还提供图片、视频、音频等多媒体内容的上传和分享功能，使用户能够充分展示自己的创意和才华。

9.3.2　社会化媒体营销

社会化媒体营销作为现代营销领域的一种重要手段，其核心价值不仅体现在品牌推广和市场拓展上，还体现在其进行公共关系维护和客户服务开拓的方式上。它借助微博、百度百科、小红书、抖音等多样化的自媒体平台，以图文、视频等丰富多样的形式进行内容发布和传播。通过精心策划和精准投放，社会化媒体营销不仅能够倾听用户的声音，了解他们的需求和反馈，还能有效地宣传品牌、推广产品，从而增强企业的市场影响力和竞争力。

常见的社会化媒体营销方式有互动营销、情感营销、事件营销、"粉丝"营销、口碑营销等。

1. 互动营销

在社交媒体蓬勃发展的时代背景下，互动营销已成为企业营销战略中不可或缺的一环。而互动量作为衡量社交媒体流量的关键指标，不仅反映了用户对内容的关注度和参与度，而且体现了品牌影响力和市场号召力。这意味着企业不仅要以优质的内容和出色的产品吸引用户，还要紧抓与用户直接对话的宝贵机会。互动营销是一种专注于一对一互动和客户沟通的营销策略，涉及基于消费者行为的营销工作，这使其与传统的营销形式区分开来。它以满足消费者期望为中心，通过吸引客户参与互动，增加企业在用户心中的权威性和真实性，帮助企业从市场竞争中脱颖而出。企业通过积极主动地运用社交媒体账号与用户进行互动，不仅能够及时了解用户需求和反馈，还能与用户建立起深厚的情感联系。这种情感联系的形成，使得用户更加认同和信任企业，从而提高了企业的品牌影响力和市场竞争力。同时，鼓励用户对品牌或产品提出关键性的意见和建议，并进行正面引导，已成为企业重要的市场策略。如今的市场，早已不再是卖家单方面主导，用户的声音和反馈变得尤为重要。这些积极的互动与反馈不仅能够提升品牌形象，更能够将潜在用户转化为真正的消费者，为企业的长远发展奠定坚实的基础。互动营销的主要特点为互动性与时效性强。

2. 情感营销

情感营销是一种以深入洞察消费者个人情感差异与需求为核心的品牌营销策略，其精髓在于通过精准捕捉并满足顾客情感层面的需求，获得顾客的认同与共鸣，进而催生出顾客对品牌的深厚偏爱。这种策略旨在打造一个对企业品牌情有独钟、忠诚不渝的顾客群体，他们不仅乐于购买，而且乐于传播品牌的正面形象。情感营销尤为注重企业与消费者之间的情感互动与交流，力图在每一个品牌接触点都营造出温馨、和谐、充满真挚情感的营销氛围。这样的氛围不仅有助于企业在消费者心中树立起良好的品牌形象，更能建立起持久而稳固的关系，为企业的长远发展奠定坚实的基础。例如 Darry Ring 品牌的情感营销。Darry Ring 这一求婚钻戒品牌在互联网时代迅速崭露头角，成为"90 后"心中的真爱信仰。尽管其平均单价超过 8000 元，却仍吸引了众多追求者。这一成功的背后，源于 Darry Ring精准地捕捉到了"90 后"年轻消费群体的个性诉求与情感表达，他们渴望展现与众不同的求爱方式，同时追求真爱唯一的价值观念。

Darry Ring 巧妙地在个性与共性之间找到了平衡，精准地把握了新时代女性对于爱情一生一世的向往。这一品牌寓意"一生·唯一·真爱"，恰好契合了年轻消费者的内心追求。相较于其他钻戒品牌，Darry Ring 打出了一张独特的"爱情牌"，它设定了只有男士可以定制，且终生只能定制一次的先决条件，从而凸显了产品的独特价值。Darry Ring 将一枚小小的婚戒升华为专一的爱情观念，在消费者心中播下了真爱永恒的种子。Darry 是"Diamond+Marry"的缩写，寓意"用钻石的坚硬见证婚姻的永恒"，进一步强化了产品的情感价值。Darry Ring 品牌以其独特的思维，敏锐地捕捉到了年轻群体的个性化需求与情感诉求，成功引领了时尚的求婚文化，实现了品牌价值最大化。这种深入人心的情感营销策略效果立竿见影，使得

Darry Ring 在这个品牌忠诚度日益降低的时代依旧赢得了消费者的广泛认可与喜爱。

3. 事件营销

企业经过深思熟虑，精心策划并组织一系列具有显著新闻价值、广泛社会影响以及强大名人效应的人物或事件，这些精心策划的活动旨在吸引媒体、社会团体以及广大消费者的浓厚兴趣与高度关注，通过引发公众的广泛讨论和热议，进一步提升企业的品牌知名度和影响力。通过这种方式，企业能够显著提升其品牌或产品的知名度与美誉度，塑造并巩固良好的品牌形象，最终推动产品或服务的销售增长。简而言之，事件营销就是通过创造富有新闻效应的事件，并运用多样化的传播手段使其广泛传播，从而达到广告宣传难以企及的效果。这一策略的运用需要企业具备高度的创意和执行能力，以确保活动的成功与效果的最大化。例如，洁柔的事件营销成功地掀起了舆论热潮。

2023 年 9 月 17 日，洁柔官方直播间因员工操作失误，将原价 56.9 元 1 箱的纸巾误设置为了 10 元 6 箱，引发大量用户下单抢购，最终成交订单数超过 4 万单，损失金额超千万元。就在当月的 19 日 11∶41，洁柔官方发布公告称，诚信和用户是洁柔的根本，坚持用户至上，承诺所有超低价订单将全部发货。

数据显示，自 9 月 17 日至 30 日，关于中顺洁柔直播间输错价格事件的网络信息量达到了约 5.2 万条。此前，中顺洁柔纸业股份有限公司于 2023 年 8 月 29 日公布了其 2023 年半年度报告。报告显示，在 2023 年上半年，公司的营业收入达到了 46.85 亿元，实现了 7.27% 的同比增长。然而，扣非净利润为 7369 万元，同比下降了 66.59%，显示出公司在利润方面存在压力。2023 年 9 月 20 日，中顺洁柔的股价为 10.18 元，上涨 0.2%。此次洁柔输错价格事件，公司对其进行妥善处理以维护品牌形象和市场信任，无疑是一场成功的事件营销。

4. "粉丝"营销

作为一种独具匠心的网络营销策略，"粉丝"营销巧妙借助移动互联网和社交媒体等多元化营销平台，通过精心策划、系统管理以及持续不断地进行线上线下的互动与交流，旨在建立深厚、稳固的用户关系，并为用户创造实实在在的价值。该策略的核心精髓在于，凭借卓越的产品品质或企业广泛的影响力，吸引庞大的消费者群体，使他们转化为品牌的忠实"粉丝"，进而借助"粉丝"间的相互传播与影响，实现营销效果的最大化。"粉丝"营销不仅增强了品牌与消费者之间的互动与联系，更在无形中为品牌赋予了更多的信任与口碑，从而推动企业长远发展。例如，李某某的IP打造。

2016年，短视频的风潮席卷而来，众多短视频作品如雨后春笋。在这个竞争激烈的环境中，李某某凭借一系列独特的"古风类美食视频"脱颖而出。她的视频如同一股清流，吸引了无数人的目光。李某某是一个农村姑娘，有相当丰富的农家生活经验。她外形婉约、恬静，着装文艺、清新，生活方式简约、质朴，具有独特的个人魅力。她不仅擅长烹饪各种美食，还善于将传统文化元素融入其中，这使得她的视频内容既具有观赏性，又富有文化内涵。这种独特的内容风格，使得她的作品在众多的网络视频中脱颖而出，收获了大量的关注和点赞。她还善于利用社交媒体平台与"粉丝"进行互动，不仅在微博、抖音等平台上积极发布动态，还与"粉丝"进行实时互动，回答他们的问题，分享她的生活点滴。这种亲近感使得"粉丝"们感受到了她的真诚和热情，进一步加深了对李某某的喜爱和信任，实现了"粉丝"维护。

李某某的天猫旗舰店在开业当天便吸引了近65万的"粉丝"关注。开卖仅10分钟，人参蜜、草本茶、苏造酱等商品的销售数据便飞速飙升，成交量均突破万笔。

5. 口碑营销

口碑营销是以消费者口碑为媒介的传播策略，其核心在于通过提供卓越的产品或服务，激发消费者的积极反馈与热烈讨论，进而促进品牌知名度的提升和销量的增长。口碑营销之所以备受青睐，源于其高度的可信度、强大的传播力以及相对较低的成本，这些特点使得消费者更易于接受并乐于传播相关信息。在口碑营销这一精妙策略中，优质的产品或服务无疑构成了口碑的坚实基石，而消费者的积极评价与热烈讨论则如同口碑传播的强劲引擎，为品牌价值的最大化提供了源源不断的动力。以海底捞为例，其通过卓越的服务体验和不断创新的产品，赢得了消费者的广泛赞誉与口碑传播，成功地将口碑营销的作用发挥到了极致。海底捞深知口碑营销的重要性，因此始终将提供优质服务作为首要任务。无论是食材选择、烹饪技巧，还是餐厅环境的营造，海底捞都力求做到最好。这种对品质的追求，让消费者在享受美食的同时，也感受到了品牌的用心和专业。

同时，海底捞还注重与消费者的互动和沟通。在餐厅内，服务员会主动询问消费者的需求和意见，并根据反馈进行调整和改进。这种关注消费者体验的做法，不仅让消费者感受到了尊重和关怀，也让他们更愿意将自己的良好体验分享给身边的人。此外，海底捞还擅长巧妙运用社交媒体等多元化渠道积极地进行口碑传播，进一步提升品牌影响力和市场竞争力。通过发布有趣、有吸引力的内容，以及邀请"网红"、博主等进行体验分享，海底捞成功地引发了消费者的关注和讨论。这些正面口碑的传播，进一步提升了海底捞的品牌形象和知名度。

9.3.3　社会化媒体内容的规划与执行

随着社会化媒体的迅猛发展与普及，其潜在的巨大价值正逐渐被越来越多的企业所深刻认识与利用。社会化媒体不仅能够有效助力企业塑造和提升品牌形象，还能显著增强客户黏性，进而扩大市场份额。因此，制定科学、合理且切实可行的社会化媒体内容，对于企业在激烈的市场竞争中脱颖而出具有举足轻重的意义。

1. 设定目标

（1）提升品牌知名度，通过精心策划的社交媒体内容，增加品牌曝光度，使更多潜在用户了解并认可品牌。

（2）增强用户互动，积极促进用户的评论、点赞和分享等互动行为，以此提高用户黏性和忠诚度，构建稳固的社群基础。

（3）扩大市场份额，利用社交媒体平台吸引潜在用户，通过精准营销和有效转化，促进销售额增长，进一步拓展市场份额。

2. 平台选择与内容定位

（1）根据目标受众的鲜明特点，选择与之契合的社会化媒体平台，如微博、微信、抖音、小红书等，以确保信息的有效传递。

（2）明确内容的风格和调性，使之既符合品牌形象，又能深深吸引目标受众，满足他们的喜好和期望。

3. 内容规划

（1）内容规划是社交媒体营销的核心环节。需精心制定内容日历，明确每周、每月乃至全年的内容主题与发布时间，确保信息传达的连贯性和节奏感。

（2）为了满足不同受众的多元化需求，应致力于丰富内容形式，包括精心设计的图文、高清流畅的视频以及实时互动的直播等。这些多样化的内容形式不仅让信息传达更加生动、有趣，也能够吸引不同受众的注意力，提升他们的参与度和体验感。

（3）敏锐捕捉时事热点和节日庆典等时机，策划具有时效性和独特魅力的内容，以引发受众的共鸣和关注。

4. 发布与推广

（1）定期发布更新内容，严格按照内容日历的安排，准时发布精心策划的内容，确保目标受众能够按时接收到信息，保持紧密互动。

（2）充分利用社交媒体平台的广告功能，通过精准定位和推广策略，提高内容的曝光率，吸引更多潜在用户的关注。

（3）积极寻求与其他社交媒体账号或"关键意见领袖"的合作机会，通过他们的影响力扩大内容的传播范围，进一步提升品牌知名度和影响力。

（4）定向广告投放，利用社会化新媒体平台的广告投放功能，选择与自身定位相匹配的目标受众，提高广告推广的效果。

5. 数据分析

（1）定期分析社会化媒体的数据，包括作品的阅读量、点赞量、评论量等，了解用户的喜好和行为。

（2）根据深入的数据分析结果，灵活调整内容策略，持续优化内容质量和发布时间，以确保更精准地满足受众需求。企业需密切关注用户的喜好变化，并灵活调整内容风格和调性，以确保与用户保持紧密的联系，满足其不断变化的需求。

（3）始终关注竞争对手在社交媒体平台上的表现，积极学习他们的优点和成功策略，以不断完善自身的内容规划。

6. 互动与反馈

（1）积极参与用户的评论与讨论，对用户的疑问和建议给予及时回应，从而增强用户的满意度和忠诚度。

（2）收集用户的反馈意见，了解他们对内容的看法和需求，保持敏锐的洞察力；认真倾听用户的声音，不断优化内容策略，以满足用户的期待，进一步提升品牌的影响力和竞争力。

制定优质的社会化媒体内容是企业成功实施社会化媒体营销战略的关键，对于提升品牌形象和市场竞争力来说至关重要。一份合理的计划，能够精准指导企业达成既定目标，确保每一步都走得坚实有力。通过明确的目标设定，企业可以清晰地知道自己想要在社会化媒体平台上实现什么；而精心策划的内容，则能够吸引并留住目标受众，提升品牌的知名度和影响力。同时，采取有效的推广方式，如利用广告功能和合作推广，能够显著扩大内容的传播范围，吸引更多潜在用户。然而，仅制订计划并不够，企业还需要定期评估计划的实施效果，根据数据分析结果调整策略，不断优化和改进内容的质量和发布时间。只有这样，企业才能确保社会媒体内容工作的长期效益，实现品牌价值的持续增长。在这个不断变化的时代，企业需保持敏锐的洞察力和灵活的应变能力，紧跟社会化媒体的发展步伐，不断创新和进步，在激烈的市场竞争中脱颖而出。

9.3.4　社会化媒体营销的优势

（1）精准定位目标用户。社交网络作为信息的汇聚地，拥有海量的用户数据，涵盖了用户的喜好、消费习惯、购买能力等多方面的信息。企业可以深入挖掘这些数据资源，从而精准地描绘出目标用户的特征画像。通过对目标用户的精准定位，企业可以在社交网络上投放更加符合用户需求的广告，从而显著提高营销效果。这种精准定位不仅有助于提升广告的点击率和转化率，还能够增强用户对品牌的认知和好感，为企业的长期发展奠定坚实基础。

（2）互动性强，拉近企业与用户的距离。社会化媒体以其天然的互动性和沟通便利性，为企业与用户之间搭建了一座实时沟通的桥梁。企业能够迅速回应用户的评论和私信，建立起积极而紧密的互动关系。这种互动不仅加深了用户对品牌的认知与好感，更使得企业能够即时获取宝贵的用户反馈。

（3）低成本，高效益。相较于传统广告，社会化媒体营销以其低成本、高效益的特点脱颖而出。企业无须投入巨额资金，便可通过发布优质内容或精准投放广告，轻松吸引大量用户的关注，进而实现营销目标。此外，社会化媒体具备传播速度快、覆盖范围广的优势，使得企业能够迅速扩大品牌影响力，抢占市场份额。

（4）易于市场调查。借助社交网络的大数据分析，企业能够以较低的成本进行高效的市场调查，从而深入洞察用户需求和市场动态。这种对受众和市场深入而细致的了解，无疑是企业制定精准营销策略的宝贵财富，有助于企业更好地把握市场脉搏，提升营销效果。它确保了企业营销活动的针对性和有效性，使得每一分投入都能转化为实实在在的回报。同时，实时掌握市场动态的能力更是企业应对市场变化的利器，使企业能够在激烈的市场竞争中迅速调整策略、抢占先机，进而提升市场竞争力。

（5）转化积累忠诚"粉丝"。社会化媒体营销的内容能够以轻松自然的方式呈现给新用户，并且凭借时效性和多样性，成功吸引并将网络游客转化为品牌的忠实"粉丝"。这些"粉丝"不仅乐于分享品牌的故事和产品，成为品牌的口碑传播者，而且在未来也将持续为品牌创造更多的商业价值，成为品牌发展的坚实后盾。

9.4 社会化思维应用实践案例

2023 年三八妇女节期间，众多女性品牌纷纷开展营销活动，或颠覆对女性的刻板印象，或倡导女性独立。在这场营销浪潮中，德芙品牌犹如一股清流，不仅提出了"尽愉悦之力"的全球新愿景，还正式启动了"她学院"这一女性知识和技能平台，致力于支持中国女性及其家庭和所在社区的发展，将"尽愉悦之力"的愿景落到实处。

德芙"她学院"在启动第一年便与中国乡村发展基金会携手合作，根据各地实际情况制定培训规划及课程，让女性能够在家乡就获得适合自己的发展机会。首期项目已在贵州省黔东南自治州雷山县白岩村落地实施。相比于其他品牌或许过于刻意或沉重的营销手法，德芙以"愉悦力"为支点，开创了一种清新自然的女性营销风格——你的愉悦不仅可以自我感受，更可以为他人带来力量。

提及德芙，中国消费者尤其是女性消费者并不陌生。自品牌成立以来，德芙便以高品质的巧克力产品为消费者带来愉悦的味蕾体验，"丝滑"更是消费者对德芙巧克力的深刻认知。然而随着时代的进步，德芙也深刻认识到消费者对品牌的期待早已超越产品本身，反而更关注品牌所承载的价值观和愿景。与宏大的口号和数字相比，品牌价值观和愿景更容易引起消费者的共鸣，特别是女性与女性之间——她们共同面对的挑战、遇到的问题以及所需的帮助，能够在女性群体中引发强烈的情感共鸣，跨越国界、种族和文化背景。

随着中国市场的迅猛发展和市场消费水平的不断提升，"愉悦"的内涵和外延也在悄然发生着变化。德芙敏锐地捕捉到了这一变化——巧克力带来的愉悦不仅限于味蕾的享受，还可以升华为一种情感上的愉悦和生活态度，甚至将这种愉悦的影响力扩展到他人身上，为世界带来积极的改变。基于对消费者需求的深入洞察，德芙不断重新解读和升级"愉悦"的内涵：从最初的"口感愉悦"，到"情感愉悦"，再到"愉悦是一种生活态度"，直至如今发布全球焕新品牌愿景"尽愉悦之力"。德芙将巧克力带来的愉悦体验逐步升华，并通过帮助和赋能女性成长来增强这种愉悦的体验，用"愉悦"让女性更有力量。

德芙这一"尽愉悦之力"的社会化思维应用是一种将品牌理念与社会

责任、女性发展相结合的创新尝试。这次活动不仅有助于提升品牌形象，而且在推动社会进步和女性赋权方面发挥了积极作用。德芙通过"尽愉悦之力"的愿景，将品牌与愉悦体验紧密相连。这种愉悦不仅体现在产品本身，而且在于品牌所倡导的生活态度和情感共鸣。德芙这场精心策划的营销活动，让消费者深刻感受到品牌所带来的愉悦体验，进而对品牌忠诚。德芙还通过启动"她学院"项目，将社会责任和女性发展融入品牌营销中。通过与中国乡村发展基金会等机构的合作，德芙为女性提供了知识和技能培训，帮助她们在家乡获得适合自己的发展机会。这种以实际行动支持女性成长的方式，不仅让德芙品牌更具社会责任感，也赢得了消费者的广泛认同和尊重。

参 考 文 献

[1] 王思维.新媒体技术对国家政治制度安全的影响研究 [D].徐州：中国矿业大学，2023.

[2] 常颖.新媒体环境下农民工在线信息行为与服务模式研究 [D].长春：吉林大学，2020.

[3] 白红义."正在消失的报纸"：基于两起停刊事件的元新闻话语研究：以《东方早报》和《京华时报》为例 [J].新闻记者，2017（4）：11-25.

[4] 徐伟东.新时期传统媒体和新媒体的融合发展 [J].中国报业，2023（19）：152-153.

[5] 徐磊，曹三省.互联网电视技术要求、运营理念及未来发展 [C]// 周志强.第 21 届中国数字广播电视与网络发展年会暨第 12 届全国互联网与音视频广播发展研讨会论文集.[出版地不详]：国家新闻出版广电总局科学技术委员会秘书处，2013.

[6] 窦新颖.长短视频的"双向奔赴"[N].中国知识产权报，2023-03-10（10）.

[7] 江飞，俞凡.37℃：紫金山视频的用户思维 [J].新闻战线，2018（9）：26-28.

[8] 苗文婷."四全媒体"视域下讲好甘肃故事的路径与策略研究：以《中国甘肃网》为例 [D].兰州：兰州大学，2023.

[9] 刘敏慧.电视娱乐节目微信公众号的互动性研究：以《奔跑吧兄弟》为例 [D].成都：四川师范大学，2017.

[10] 王淼，李大为.基于内容与协同过滤的混合推荐算法在数字科技馆中的应用 [J].网络安全技术与应用，2023（8）：37-39.

[11] 陈天骄．论新媒体编辑的创新途径和智能化发展趋势［J］．新闻研究导刊，2023，14（6）：104-106.

[12] 刘家俊．基于 AI 的智能审核系统在广电新媒体中的应用［J］．网络安全和信息化，2023（9）：57-59.

[13] 王华．互联网大数据环境下的银行信贷风控研究［D］．保定：华北电力大学，2019.

[14] 2021 数据可视化获奖作品大赏：艺术设计篇［EB/OL］．[2023-12-28].
https://www.thepaper.cn/newsDetail_forward_16031968.

[15] 周柏豫．新媒体环境下 A 服装公司市场营销策略研究［D］．北京：中国科学院大学，2020.

[16] 杜茜，孙浩华．新媒体时代传统搜索引擎与社交媒体搜索的比较研究［J］．新媒体研究，2024（2）：70-73.

[17] 王怡．以光影记录四川 展多彩神秘蜀韵：记 2023 "时代光影百部川扬"网络视听精品传播活动［J］．西部广播电视，2023，44（19）：183-186.

[18] 蒋加佳．自媒体品牌 "LZQ" 内容营销研究［D］．重庆：重庆交通大学，2023.

[19] 王京，徐江旭．从三大央媒实践看主流媒体智能化发展趋势［J］．传媒，2023（8）：35-37.

[20] 王京，徐江旭．从三大央媒实践看主流媒体智能化发展趋势［J］．传媒，2023（8）：35-37.

[21] 刘晓姣．数字化背景下媒体内容资产经营策略研究：以中央电视台为例［D］．北京：北京交通大学，2014.

[22] 王丽娟．社交媒体时代的全民健身与体质健康推广策略研究［J］．文体用品与科技，2023（19）：34-36.

[23] 刘胜西．基于情感分析的社交媒体内容推荐系统研究［J］．电脑知识与技术，2024（20）：113-115.

[24] 陈晓环．宜家与无印良品的本土化设计比较研究［J］．河南教育学院学报（哲学社会科学版），2018，37（1）：29-35.

[25] 刘展宏.媒体融合背景下《主播说联播》传播策略研究[D].兰州：兰州大学，2022.

[26] 钮迎莹，钟莉，王海东."创新驱动"：媒体内容创新的现状与难点[J].青年记者，2023（5）：32-34.

[27] 邓创业."读者"到"用户"，究竟差了什么？[J].出版参考，2019（3）：28-29.

[28] 王俊芝.媒体融合发展创新策略探析[J].中国报业，2024（14）：34-35.

[29] 孙鲁燕.首都文化软实力现状和实践的几个方面[C]//北京文化论坛文集委员会.建设世界城市提高首都软实力：2010北京文化论坛文集.北京：首都师范大学出版社，2010.

[30] 唐芸.用好新媒介 传播正能量[J].声屏世界，2017（3）：20-21.

[31] 杨福生，李忠林.巢文化概念的确立与皖中经济发展[J].巢湖学院学报，2008（2）：110-115.

[32] 庄旭晖，陈昱宇.高效制定并使用Scrum开发的产品Backlog[J].经贸实践，2015（9）：241-242.

[33] 陈丽媛，徐健辉.以"数"为媒，迭代传播：以金报集团优化新媒体产品发布推送策略为例[J].传媒评论，2023（1）：65-67.

[34] 杨明慧.新媒体艺术的生态迭代发展研究[C]//中国智慧工程研究会智能学习与创新研究工作委员会.2022社会发展论坛（昆明论坛）论文集.昆明：[出版者不详]，2022.

[35] 王振伟.论传统媒体与新兴媒体的迭代关系[J].记者摇篮，2021（9）：12-13.

[36] 郭润萍，冯子晴，龚蓉，等.企业与用户互动、敏捷开发与数字产品创新绩效[J].研究与发展管理，2024，36（1）：108-120.

[37] 相德宝，倪佳律.推特社交机器人情绪传染研究：消极情绪加剧情绪传染[J].当代传播，2024（2）：29-34.

[38] 王春，杨泰波，闫晓，等.基于敏捷思维的研发模式与实践[J].核标准

计量与质量，2023（3）：49-54.

[39] 陈心远．智能印厂虚拟教学实验平台的研究与开发［D］．杭州：杭州电子科技大学，2023.

[40] 田晓盼．基于敏捷开发的移动 App 用户体验设计研究［D］．上海：华东理工大学，2016.

[41] 单士兵．在思维和技术的迭代升级中打造大评论［J］．青年记者，2023（13）：51-53.

[42] 张志安．生活在媒介中：新闻实务与媒体运营的深层变革：2022 中国应用新闻传播十大创新案例分析［J］．新闻战线，2023（21）：46-50.

[43] 李振江，陈英姿．用"迭代"的思维抗衡"迭代"［N］．华夏酒报，2014-08-26（C47）.

[44] 张泽龙，陈宝生，韦冬妮，等．利用前景理论博弈的需求响应市场研究［J］．计算机时代，2023（11）：58-63.

[45] 任海平．AI 时代，党媒推荐算法的优化策略［J］．传媒评论，2023（10）：40-43.

[46] 夏澜，黄菁，曲艺．体育赛事网络舆情的传播特征与实践通路探讨：基于谷爱凌微博文本挖掘与分析［C］// 中国体育科学学会．第十三届全国体育科学大会论文摘要集——墙报交流（体育统计分会）．天津：［出版者不详］，2023.

[47] 高薛雯，曹莹．智慧零售理念下无人餐厅的环境交互设计研究：以好利来无人餐厅为例［J］．设计，2023，36（3）：144-147.

[48] 王缘．新消费时代下烘焙品牌好利来转型路径研究［J］．产业创新研究，2022（3）：117-119.

[49] 莫莉．好利来公司网络营销策略［D］．湘潭：湘潭大学，2011.

[50] 张雨．在跨界思维中邂逅大数据传播［N］．国际商报，2023-08-25（6）.

[51] 黄炜．互联网公司的六种经营思维［J］．江苏商论，2023（5）：40-43.

[52] 李佳旭，丁明雪．聚焦关键领域 分享最新趋势 推进跨界合作［N］．贵阳日报，2023-10-29（4）.

［53］黄海华.跨界合作让创新产生"化学反应"［N］.解放日报，2024-01-07（1）.

［54］王雷.Y公司开拓美国市场运营战略与运营模式分析［D］.上海：上海交通大学，2015.

［55］许礼清.酱香拿铁出"续集"流量时代如何持续出圈？［N］.中国经营报，2024-01-29（D02）.

［56］陆莉.瑞幸"酱香拿铁"成为爆款，品牌如何拓展跨界联名边界［J］.中国广告，2023（11）：44-47.

［57］陶兴.多源学术新媒体用户生成内容的知识聚合研究［D］.长春：吉林大学，2020.

［58］张莉.互动仪式链视角下哔哩哔哩互动视频研究［J］.新媒体研究，2023，9（8）：76-80.

［59］高红波，杨娜娜.第二十八届中国新闻奖融媒类报道技术应用创新研究［J］.声屏世界，2019（2）：8-10.

［60］吴万伟，乔纳森•彼得斯.我能做吗？：记者应了解的法律常识（二）[J].青年记者，2015（34）：83-84.

［61］李卓昇，陈红宇.新媒体时代短视频平台助力农村经济深度发展路径探索［J］.边疆经济与文化，2023（12）：37-40.

［62］曹雅欣.跨界联名＝出圈密码？［N］.济南日报，2023-09-12（A08）.

［63］陈晓燕.探析信息时代企业营销管理的变革与创新［J］.全国流通经济，2023（20）：52-55.

［64］彭峰，戴世富.破圈与互动：B站品牌的年轻愿景与价值共创：以《后浪》事件为例［J］.东南传播，2020（10）：1-4.

［65］陈盼.新媒体商业模式创新研究：机理、框架与实证检验［D］.武汉：华中科技大学，2021.